《汉文化研究丛书》编辑委员会

主　任　黄荣杰　王利亚
副主任　卢志文　刘明阁
委　员　李文安　邵书峰　谢冰松　曹天杰　阚云超　马良泉
　　　　孟静雅　刘太祥　张保同　苏新留　何　军　徐永斌
　　　　刘剑利
主　编　郑先兴

汉文化研究丛书

两汉魏晋南北朝人质现象研究

高二旺 著

河南大学出版社
中国·郑州

图书在版编目(CIP)数据

两汉魏晋南北朝人质现象研究/郑先兴主编.高二旺著.—郑州:河南大学出版社,2012.12(2016.12重印)

(汉文化研究丛书)

ISBN 978-7-5649-1103-4

Ⅰ.①两… Ⅱ.①高… Ⅲ.①人质－研究－中国－汉代 ②人质－研究－中国－魏晋南北朝 Ⅳ.①D924.02

中国版本图书馆 CIP 数据核字(2012)第 304132 号

责任编辑　王　慧　阎现章
责任校对　张　珊
封面设计　马　龙

出　版	河南大学出版社
	地址:郑州市郑东新区商务外环中华大厦2401号　邮编:450046
	电话:0371－86059701(营销部)　网址:www.hupress.com
排　版	郑州市今日文教印制有限公司
印　刷	开封智圣印务有限公司
版　次	2012年12月第1版　　　印　次　2016年12月第2次印刷
开　本	690mm×960mm　1/16　　印　张　11.25
字　数	178千字　　　　　　　　定　价　28.00元

(本书如有印装质量问题,请与河南大学出版社营销部联系调换)

目　录

序　一 ··· 朱绍侯（ 1 ）
序　二 ··· 郑先兴（ 1 ）
绪　论　学术研究回顾与古代人质的理论探讨 ····················（ 1 ）
第一章　汉代以前的人质现象 ···（ 9 ）
　　第一节　春秋时期的人质 ···（ 9 ）
　　第二节　战国时期的人质 ···（ 12 ）
第二章　两汉时期的人质 ···（ 25 ）
　　第一节　两汉的劫持人质 ···（ 25 ）
　　第二节　两汉的外交人质 ···（ 31 ）
　　第三节　两汉的内政人质制度 ··（ 46 ）
　　第四节　两汉人质的身份与待遇 ·····································（ 50 ）
第三章　三国时期的人质 ···（ 67 ）
　　第一节　汉末三国的人质事件 ··（ 68 ）
　　第二节　三国时期的人质制度 ··（ 73 ）
第四章　两晋十六国时期的人质 ··（ 89 ）
　　第一节　两晋十六国时期的人质事件 ······························（ 89 ）
　　第二节　两晋十六国时期的人质制度 ······························（ 97 ）
第五章　南北朝时期的人质 ··（104）
　　第一节　南北朝的人质事件 ···（104）
　　第二节　南北朝的人质制度 ···（112）

第六章 魏晋南北朝人质总论 …………………………………（121）
  第一节 三国两晋南北朝人质事件的统计分析 …………（121）
  第二节 魏晋南北朝的入侍事件 ……………………………（136）

第七章 两汉魏晋南北朝人质与社会 ……………………………（139）
  第一节 人质与政治控制 ……………………………………（139）
  第二节 人质现象中的道德体现 ……………………………（143）
  第三节 人质的地位和待遇 …………………………………（146）
  第四节 时人对人质现象的看法 ……………………………（148）
  第五节 人质现象的原因及影响 ……………………………（150）

参考文献 …………………………………………………………（157）
后　记 …………………………………………………………（165）

序 一

朱绍侯

南阳师范学院汉文化研究中心要推出一套"汉文化研究丛书",郑先兴同志请我作序,我非常高兴。因为,作为专门从事秦汉史研究的学者,最高兴的就是看到新人新著的涌现;而且,这一套丛书的作者,大多是我的学生,或者是多年来一直跟随我学习研究秦汉史的教师;更何况,这套丛书的三审都是由我来进行的。我想谈以下三个问题。

第一,关于汉文化研究的学科性质。

如果把汉文化研究作为学科来看,大概有两个层面的含义。从一个层面来说,汉文化研究属于断代史,即属于汉史的研究范畴。汉代是中国统一集权制国家形成后,出现的第一个文化高峰。汉代人所创造的政治、经济、军事、教育、科学等方面的成就,可谓博大精深,永远是中国历史、中国文化史研究中的重点问题。但汉文化研究也有地域广狭的区分,有南阳汉文化、河南汉文化、中国汉文化,当然也由江苏汉文化、四川汉文化等等。本书的重点是研究南阳汉文化、河南汉文化。从另一个层面说,汉文化又属于专门史的性质,如汉人、汉族、汉语、汉字、汉经济、汉政治等都有极其重要的研究价值。无论是作为断代史、专门史或地域史来研究,汉文化都具有永久定性的特点和永远传承的特点,都是永远不变的定性文化,也是被中国与世界华人、华裔和国际学术界永远关注的问题。

第二，南阳汉文化研究的优势。

南阳学者所进行的汉文化研究，可谓是占尽了天时、地利、人和。所谓天时，有两个重要的含义。一是在"文化大革命"之后，在学术界普遍兴起了历史文化的研究热潮。如中华文化、长江文化、黄河文化、姓氏文化以及各地区的区域文化和各种专题文化等等，不论是什么文化，汉文化都必然是它研究的主要内容之一。二是在进入新世纪之后，党和政府日益重视传统文化在现代化中的作用，提倡人文社科的研究，希望从传统中吸取优秀的文化精神。河南省教育厅为推进这一方针的实施，在全省高校先后建立"河南省人文社会科学重点研究基地"。南阳师范学院汉文化研究中心就是在这样的环境中建立起来的。中心的建立，凝聚了研究方向，整合了全校的研究力量，为全面扎实地研究提供了组织和财力的保证。所谓"地利"，就是南阳是汉代经济、文化最发达的区域，特别是在东汉，南阳是开国皇帝刘秀的故乡，向有"帝乡""南都"之美称，皇亲国戚不可胜数，名人辈出，文物古迹遍布城乡，汉冶铁遗址就有6处，汉画像石、画像砖无论从数量、质量来看，都居全国之最。由此，南阳的汉文化研究资源异常丰富。所谓"人和"，是说这里的文化研究人气很浓。经过长期的积累和传承，南阳师范学院已经拥有着一批在学术界颇具影响的汉文化研究者，而且学校的历届领导班子都把汉文化研究作为学科建设的重点来扶持；通过《南都学坛》"汉代文化研究"专栏，与全国的汉文化研究者经常保持着十分密切的学缘关系，使得全国著名的秦汉史学者都非常关注汉文化研究中心的发展；通过秦汉史和汉画研讨会，增进了学术交流，提升了南阳师范学院的学术地位和影响。

第三，汉文化研究的意义。

汉文化研究所拥有的巨大的学术和文化建设的意义，自是非常繁富。这里我只谈三点。

从历史发展来说。如前所述，汉代是中国统一中央集权制国家形成后所出现的第一个文化高峰。依照德国著名的历史哲学家雅斯贝尔斯的轴心期理论，汉代应属于后轴心时代，即相对于春秋战国的文化经典诞生的轴心时代，汉代则是将之前的文化经典加以实践并予以整理传承，使之得以定型流传。因此，要充分了解中国文化，汉文化可以说是最基本的切入点。最近，年轻的秦汉史研究学者彭卫先生又提出，中国历史研究的"根节"在于"文明的起源、王制向帝制的转变和近代化","而王制向帝制的转变正是挑起历史两头的那根扁担"。可以说,这一说法非常形象地说明了汉文化研究的重要性。在我看来,王制向帝制转变的关键就是秦汉之际所推行的军功爵制,它用功绩的大小重组社会关系,改变了原来的只以血缘纽带建构社会关系的现象,从而推进了社会由王制向帝制的转变。这用唯物史观来表述,就是阶级的变化推进了社会制度的变革。因此,无论是从学术史或者政治制度史的角度,汉文化研究都是了解中国历史的必不可少的环节。

从地域文化观念来说。回顾5000年的中国文明辉煌史,其中近4000年都有河南的主体参与,只是在南宋之后的近1000年以来,河南才逐渐被边缘化。检讨边缘化的原因,查漏补缺,固然是很有必要的。但检讨文明辉煌的因子,将其发扬光大,更是再造辉煌的乐观途径。中原文化作为中国传统文化的主体,其辉煌的因子非常之多。但就其整体性和完整性而言,汉文化则更具有吸收和汲取的价值。因为第一,汉文化是中原文化中比较重要的一个阶段。汉代是继承夏、商、周、秦之后的又一个统一时期,是汉民族形成的最为关键的时期。她所形成的政治体制、思想精神和文化传统,相沿成习,至今不变。第二,汉文化是中原文化中比较重要的一个环节。中原文化对中国文化的贡献主要体现在河南省许多地方,都有自己的特色文化,如周口的伏羲文化、新郑的炎黄故里、洛阳的河洛文化、安阳的殷墟文化、开封的宋都文化等等,而南阳则因汉光武发祥于此,即以"帝乡""帝都"等名义而著称于世;同时又因东汉建都于洛阳,与中原文化的关系更为密切。第三,汉文化在中原文化中占有重要的地位。汉文化的开辟疆土、驰骋沙场的开拓情怀、包容一切的恢弘气势、研习经传的探索精神以及献身国家匹夫有责的爱国思想等等,都构成了中原文化的丰富内涵。由此,全面深入细致地研究汉文化,是实现思想解放、发展跨越和当今中原文化崛起的基本途径。

从大学办学特色来说。大学教育的目的就是传承文明、修性养德和培育科学探索的精神和理念,然而具体到如何办好一所大学,中外教育家的共识就是特色办学。所谓特色办学就是在学科建设上能够有自己独到之处。而我们知道,构成特色学科的因素主要是研究的对象、研究的理念和研究的方法。一般来说,研究理念和方法固然非常重要,但它毕竟要受到研究对象的制约。可以说,只有研究对象是经常主导学科特色从而决定学校的地位的。就此而言,南阳师范学院以其地域文化优势,选择汉文化研究作为自己的特色学科来加以建设,而且屡经几代领导坚持不改,终于形成了涵盖全校诸如历史、中文、美术、音乐、体育、政治、经济等文科教师在内的强大的研究队伍,并在全国秦汉史学界和汉画学界占有重要的席位,成为一支不可忽视的力量。这种以学科优势所造就的办学特色,其他一些高校是难以企及的。

综上所述,可以想见,"汉文化研究丛书"的问世,其学术价值和实际功用以及所展示的南阳师范学院的科研实力和办学特色,将是多么有意义的事情。让我们表示衷心的祝贺吧。

是为序。

2008 年 8 月 26 日

序 二

郑先兴

河南省普通高校人文社会科学重点研究基地南阳师范学院汉文化研究中心于2005年8月得到河南省教育厅的正式下文成立，到今天已经整整十个年头了。十年来，中心同仁坚持学术至上的信念，潜心研究，以"汉文化研究丛书"为标志性的成果，先后推出了十三部专著。为纪念中心的十年庆典，河南大学出版社准备将其修订后整体推出。作为中心的负责人，丛书的策划者，其内心的喜悦和兴奋，可以说是无以言表的。考虑到该套丛书的专业研究性质，其学术价值自有业内学者评判，而其文化建设功用则可通过社会实践予以验证，在这里，我只想从学术管理方面谈几点意见，谨向丛书的出版表示诚挚的祝贺！

丛书的出版问世，可以说是党中央弘扬优秀传统文化、提高国家文化软实力发展战略的贯彻和落实。全面挖掘民族传统文化的精华，总结中华民族的文明发展经验，可以说是中国共产党人一直的追求和努力。毛泽东曾经指出："从孔夫子到孙中山，我们应当给以总结。承继这一份珍贵的遗产。"新近以来，中共中央总书记习近平同志两次谈到总结历史文化遗产的重要性。

在第十八届中央政治局的第12次集体学习会议上，习近平总书记指出：

"提高国家文化软实力,要努力展示中华文化独特魅力。在5000多年文明发展进程中,中华民族创造了博大精深的灿烂文化,要使中华民族最基本的文化基因与当代文化相适应、与现代社会相协调,以人们喜闻乐见、具有广泛参与性的方式推广开来,把跨越时空、超越国度、富有永恒魅力、具有当代价值的文化精神弘扬起来,把继承传统优秀文化又弘扬时代精神、立足本国又面向世界的当代中国文化创新成果传播出去。要系统梳理传统文化资源,让收藏在禁宫里的文物、陈列在广阔大地上的遗产、书写在古籍里的文字都活起来。要以理服人,以文服人,以德服人,提高对外文化交流水平,完善人文交流机制,创新人文交流方式,综合运用大众传播、群体传播、人际传播等多种方式展示中华文化魅力。"

在第十八届中央政治局的第13次集体学习会议上,习近平总书记再次指出:

"要讲清楚中华优秀传统文化的历史渊源、发展脉络、基本走向,讲清楚中华文化的独特创造、价值理念、鲜明特色,增强文化自信和价值观自信。要认真汲取中华优秀传统文化的思想精华和道德精髓,大力弘扬以爱国主义为核心的民族精神和以改革创新为核心的时代精神,深入挖掘和阐发中华优秀传统文化讲仁爱、重民本、守诚信、崇正义、尚和合、求大同的时代价值,使中华优秀传统文化成为涵养社会主义核心价值观的重要源泉。要处理好继承和创造性发展的关系,重点做好创造性转化和创新性发展。"

在这里,"要努力展示中华文化独特魅力","要讲清楚中华优秀传统文化的历史渊源、发展脉络、基本走向,讲清楚中华文化的独特创造、价值理念、鲜明特色",必须深入探究中国历史,尤其是中国历史上的秦汉时期。因为秦汉时期是中华文明的后轴心时期,它不仅承继、凝聚了远古以来中华文明的精华,而且也开启了之后中华文明的发展道路。据此,汉文化研究中心依托南阳区域文化和汉画像的历史资源,广纳贤才,凝神聚力,全面展开汉文化的研究,不断推出研究性的成果,为中华文化魅力的展现和优秀文化传统渊源的揭示,仅露尖尖一角,略展学术之风采。

丛书的出版问世,可以说是打造特色学术平台的必然结果。高校的存在和发展,除了狠抓学科建设、人才培养以及日常的教学、科研管理与机制之外,别无他途。为此,校党委和行政制定了"质量提升,内涵带动"的发展战略,并根据所在地域的文化特点与经济社会建设的需要,设置相应的科研与教学平台。一方面促进科学研究与课堂教学紧密结合,另一方面也促进高校的教学科研与本地社会经济文化建设紧密结合。南阳的地域文化优势在于汉代历史文化,东汉光武帝刘秀生长、起事于南阳,其军功大臣二十八宿也大多出生在南阳;即使此前西汉刘邦政权的建立,也得益于南阳地方豪绅的鼎力支持,才有了可靠的根据地而取得政权;汉代南阳的冶铁、水利、中医药与天文地理等科学技术跻身于世界文化最先进的水平;还有现在依然大量存在的汉画像,作为中国美术史上瑰丽的宝藏,珍藏着汉代民众真实而又平凡的社会生活和精神风貌。为充分挖掘南阳文化的精髓,实验、训练并提升教师的科研能力,打造学术品牌,我们凝聚全校文科的学术研究方向,以汉画像为主题,成立了汉文化研究中心。中心的成立,既为教师的学术研究指明了方向,也得到了省教育厅的大力支持,成为河南省人文社会科学重点研究基地。几年来,中心在项目申报、论文论著的撰写与发表、重点学科建设等等方面,都取得了卓越的成绩;尤其是在学术交流和为社会经济文化建设服务方面,中心成功承办了大型的国际学术会议,如"中国汉画学会第十届年会暨学术研讨会(2006)"、"东汉史研究国际论坛(2009)"、"中国秦汉史研究会第十三届年会暨国际学术研讨会(2011)"等。这些会议的成功举办,不仅加强了我校与学术界的交流,提升了我校的知名度,更重要的是展示了我校教师的研究实力和学术风貌。中心研究人员积极参加了南阳卧龙岗文化产业聚集区建设、南阳相关的企事业文化建设、南阳农运会端午节龙舟竞赛高峰论坛、南阳刘秀研究会以及诸葛亮躬耕地问题讨论,等等,这些活动,既促进了教学与科研的紧密结合,又为教学和研究提供了更广阔的视野。总之,我校的汉文化研究中心已经成为秦汉史学界、汉画学界国内外知名的学术研究重镇,成为南阳社会经济文化建设领域内有关汉代历史文化方面不可忽视的咨询机构。本次出版的十三种汉文化研究专著,就是这个学术研究平台十年研究计划的重要的学术成果之一。当然,我们期望着更高层次的研究成果的继续涌现。

丛书的出版问世和项目的完成,也是汉文化研究中心的研究人员的长期辛勤、扎实治学的结晶。孔子说:"人能弘道,非道弘人。"再好的理念和政策,再好的平台和基地,如果没有人们踏踏实实地践行,予以付诸实践,是很难切实收到实效,取得成绩的。令人骄傲的是,我们南阳师范学院的广大教职员工,确实有一批求真务实的人。在这样一个比较浮躁的年代,他们能够沉下气来,专心地教书育人,精心地做学术研究,实属难能可贵,非常令人敬佩。以汉文化研究为例,从上个世纪改革开放以来,就已经形成了一支专业的研究队伍。他们身处教学和科研一线,在完成自己的教学任务的同时,选择南阳的区域文化尤其是秦汉史和汉画像作为自己的研究对象,互相切磋,互相鼓励,在研究课题、撰写论文和申报项目方面,互相支持,在秦汉史学界和汉画像学界已经形成了自己的学科特色和学术优势。汉文化研究中心成立之后,又以中心为平台,制定了编著"汉文化研究丛书"的十年计划,试图打造自己的学术优势,占据汉画像研究和秦汉史尤其是东汉史学研究的制高点。从已经出版的论著的影响看,其原始的意愿已经基本实现了。可以说,前期的成果为后来的研究提供了基础和方向,但自然地也增加了难度。如何超越自己,如何将汉文化研究提升到更高的层次?我想,这是汉文化研究中心的同志们可能要花费很长时间予以思考和践行的问题。至于能否实现超越,就需要学术界的专家同仁予以引领和雅正了。

本丛书的十三种专著中,可以分为两个系列。

一是汉文化研究系列,共八本,主要探究秦汉时期社会历史的发展及其本质特征。郑先兴教授完成了《汉代思想史专题论稿》与《汉代史学思想史》,前者是其阅读汉代元典的心得,以礼治思想、经济思想、王充思想以及其他思想(包括谶纬、汉文化精神、荀悦政治思想)等四个专题,揭示并阐述了汉代的政治思想、经济思想与社会思想;后者则是其长期的历史教学与研究成果的积淀和积累,是对汉代优秀的学术思想文化遗产的发掘和梳理。刘太祥编审完成的《张仲景中医药文化研究》与《汉代政治文明》,前者是其对医圣张仲景在中医药药理、诊治、用方、医德等方面贡献的挖掘和阐释;后者则是其对汉代政治文明的成就比如治国理念、方略、机制的梳理和阐述,寻绎汉代政治文化中的进步和积极因素。冯建志教授等人完成的《汉代音乐文化研究》,主要描述了汉代音乐的内容、类型、发展及其美学思想。曾祥旭教授完成了《西汉后期的文学和儒学》,是其博士论文《论西汉前期的文学和儒学》的延续,阐述了西汉后期文学的发展及其与儒学的关系。杨运秀教授完成了《南阳汉画像与汉代经济研究》，以南阳区域为研究对象，分为两个部分，第一部分是以南阳汉画像为主题，从经济学的角度阐释了汉画像中的经济因素；第二部分是以汉代南阳区域经济为主题，叙述了南阳的农业、水利、手工业、货币、商业等经济状况。高二旺博士完成的《两汉魏晋南北朝人质现象研究》，是以其学位论文修订增补的，以古代人质现象为话题揭示汉代到南北朝时期所普遍存在的人伦和法制真相。

二是汉画像系列，共五种，主要是挖掘和阐释汉画像的内容及其社会意象。其中郑先兴教授完成了《汉画像的社会学研究》和《民间信仰与汉代生肖图像研究》，前者是以远古婚姻进程为线索，透视汉画像中神树、螺女、弓弩、伏羲女娲、西王母、傩等画面的社会历史内涵，后者则是以生肖为线索，阐释汉画像中生肖图像的社会历史意蕴。牛天伟、金爱秀二位完成的《汉代神灵图像考述》，则是从考古学、民俗学的角度，对汉画像中的伏羲女娲、西王母、气象天文、镇宅守墓、祥禽瑞兽以及传说的蚩尤、桑蚕农神等图像予以了阐释。季伟教授完成的《汉代乐舞百戏考述》，是以乐舞百戏为话题揭示汉画像中大量存在的乐舞图像的社会历史内涵，挖掘古代历史中优秀的乐舞文化遗产。徐永斌教授等人完成的《南阳汉画装饰艺术》，描述了南阳汉画像装饰艺术的题材内容、构成风格、技法类型、审美特征，及其在中国传统装饰艺术上的价值等。

毋庸讳言，"汉文化研究丛书"虽然推出了十三种，但与原本的初衷和社会的要求还是有距离的。希望汉文化研究中心的同志们更加努力，拿出更多的成果，拿出更丰富更深刻更具有影响力的汉文化研究论著。

让我们期待着吧！

2015年5月

绪 论　学术研究回顾与古代人质的理论探讨

中国古代的人质现象涉及政治、军事、法律、宗法、文化等广泛的内容,早就引起了学者们的注意。杨联陞先生在《国史探微·国史上的人质》中曾对中国古代的人质问题进行过概括性研究,他认为"中国一直到 17 世纪中叶,为了保证而使用人质,就形成一种制度,一直存在着"。① 其实中国古代的人质从三代以来直到明清时期就一直存在着,贯穿于中国古代社会的始终,而人质制度则最晚从春秋时期直到明清,尽管时断时续,却一直在沿用,其下限并非 17 世纪中叶。《清史稿》卷七《圣祖本纪二》记载,康熙三十二年(1693 年),"九月丁未,修盛京城。丙寅,琉球来贡,遣其质子还国"。可见人质制度在清朝强盛的时候同样是控制附属国的重要手段,近代以来,随着外敌的入侵,清政府对藩国失去控制,人质制度也走向瓦解。在中国古代的人质历史中,两汉魏晋南北朝时期是人质手段广泛应用、人质制度走向成熟并为后世沿袭的重要阶段。在此有必要对中国古代人质问题的研究现状作一简要回顾。

---

① 杨联陞:《国史探微》,新星出版社 2005 年版,第 76 页。

一、两汉魏晋南北朝人质研究的相关成果

目前关于汉代人质有关的著作和论文中,绝大部分是从质子角度来研究的,且主要从边疆管理和民族关系的视角来探讨。这些成果主要有:方铁《汉唐王朝的纳质制度》(《思想战线》1991年第2期),①程越《两汉西域"质子"》(《南京大学学报(哲学·人文·社会科学版)》1992年第4期),李大龙《不同藩属体系的重组与王朝疆域的形成——以西汉时期为中心》(《中国边疆史地研究》2006年第2期),②成琳《两汉时期民族关系中的质子现象》(《新疆大学学报(哲学人文社会科学版)》2007年第1期),③陈金生、王希隆《两汉边政中的质子述评》(《中国边疆史地研究》2008年第2期),张胡玲《两汉质子制度述论》(西北大学2009年硕士学位论文)。此外,还有李文英《两汉西域质子制度特点新探》(《青年文学家》2010年第2期)等等。

由于汉代任子与人质制度有着一定的渊源,因此这方面的研究成果也可资借鉴。如杨广伟《汉代"任子"制小考》(《复旦学报(社会科学版)》1979年第6期),廖晓晴《两汉"任子"问题之探讨》(《辽宁大学学报》1983年第5期),张兆凯《任子制考论》(《湖南科技大学学报》1989年第1期),刘迪瑞《试论两汉任子制度的影响》(《江西大学学报(社会

---

① 认为纳质制度形成于汉,完善于唐。对汉、唐时期封建政府对质子的纳送、管理、待遇、影响等方面作了较全面的论述。但其对唐代质子的兴盛问题探讨欠详,且"汉、唐的纳质制度,仅实行于边疆少数民族"及"质子为质时间虽各有短长,但尚未见永久留止不归之例"的观点有待于商榷。

② 认为西汉继承和完善了萌芽于先秦时期的藩属观念,并将其应用于对边疆地区的管理,进而形成了独具东方特点的藩属体制,由此也确立了古代中国统一王朝"二元三层"的疆域观念和疆域结构。

③ 该论文主要从民族关系的角度论证了边疆民族与内地政权间"入侍为质"和"纳质为臣"的现象,认为质子现象在汉代的不同阶段呈现出不同的特色。(1)"质子"从两汉时期开始普遍存在于民族交往中,并作为维系宗属关系的工具之一;(2)两汉时"质子"逐渐被纳入朝贡制度的一部分;(3)两汉时期的"质子"现象大多出现在汉朝国力强盛时期。"纳质为臣"现象客观上加强了边疆民族与中原地区的联系,促进内地政权与边疆民族的经济、文化往来,巩固了封建王朝对边疆的统治。但该文认为人质是以王侯子弟作为抵押,缩小了"质子"的身份范围。

科学版)》1990年第1期),张兆凯《任子制新探》(《中国史研究》1996年第1期)。但遗憾的是,上述成果的研究重心都是把任子制作为一种选官特权来加以论述的,很少有人把它与汉代的人质制度联系起来,曹操征战过程中就多次向其他军阀和部将征任子。任子至迟在东汉末年已经具有明确的人质意义,这与"任子"制度是有联系的,在后文中将专门论及。

研究汉代外交制度涉及汉代人质的论文有:王静《汉代蛮夷邸论考》(《史学月刊》2000年第3期),李云泉《汉唐中外朝贡制度述论》(《东方论坛》2002年第6期),沈寿文《汉代的和亲与人质制度研究》(《贵州民族研究》2007年第3期)等等。关于三国时期的人质现象,宋杰、周士龙、陶贤都曾有专文研究,①此外则更多地散见于学者们对这一时期的兵制和外交制度的论述中。② 对南北朝时期人质现象进行专门研究的成果尚未见到。

杨联陞先生在《国史探微·国史上的人质》对中国古代人质制度进行了探讨,他把中国古代的人质分为两类:互换人质——以保证两国或两个其他团体之间的友好关系;单方人质——以保证臣服与效忠,又把单方人质分为国外人质和国内人质两种情况。他对从春秋至明清时期的人质制度进行了研究,有不少观点涉及中国古代人质的基本特征。如在人质的身份上,认为"在所有的例子中,人质通常是遣送者家族中的一员,而大多数的情形都是他的儿子。在同一事件中,人质也可能索自几个家族"。但遗憾的是,杨先生并没有把劫持人质纳入到研究的范围,其实人质制度并非人质现象的全部。并且单纯的国内人质和国外人质也不能准确概括中国古代人质的类别,如战乱时期的军阀间遣送的人质,既不属于国外人质,也不能视为单纯的国内人质。

此外,先秦人质的研究成果与两汉人质有着重要的渊源关系,这方

---

① 宋杰:《汉末三国时期的"质任"制度》,《北京师院学报》(社科版)1984年第1期。周士龙:《试论魏晋的质任制》,《天津师大学报》1987年第3期。陶贤都:《三国时期劫质现象刍议》,《许昌学院学报》2004年第4期。

② 何兹全:《魏晋南朝的兵制》,《历史语言研究所集刊》,第16册,中华书局1987年版。唐长孺:《晋书赵至传中所见的曹魏士家制度》,《魏晋南北朝史论丛》,三联书店1955年版。高敏:《魏晋南北朝兵制研究》,大象出版社1998年版。黎虎:《汉唐外交制度史》,兰州大学出版社1998年版。

面的成果有孙瑞先生关于春秋战国人质研究的几篇论文,①以及贾继东《楚国人质外交小议》(《中华文化论坛》1998年第4期),胡发贵《盟誓与人质》(《寻根》2008年第3期),许鸿洋《浅谈春秋时期的人质问题》(《陇东学院学报》2010年第1期)等等。隋唐人质制度是在魏晋南北朝人质的基础上形成的,陆宜玲《唐代质子研究》(陕西师范大学2008年硕士学位论文),姜清波《新罗对唐纳质宿卫述论》(《中国边疆史地研究》2004年第1期),讨论的尽管是唐代的人质现象,但也可作为研究两汉魏晋南北朝人质现象的参考。

从以上所列研究成果来看,人质的研究视角主要从制度层面、法律层面等几个方面进行。从人质制度的层面去研究是当前人质现象研究的主流,如《汉代的和亲与人质制度研究》、《两汉西域质子制度特点新探》、《汉唐中外朝贡制度述论》等等都是把人质作为一种制度进行研究。从法律层面对劫持人质现象进行研究的有少数成果,如孙家洲《汉代的"反劫质"立法》(《光明日报》2005年6月14日)等。至于从社会学层面来研究,目前这方面的成果尚阙。人质与社会学有着密切联系,从社会学层面来研究既是一种研究视角,也是一种研究方法,值得后来的学者们用于人质研究。

二、关于人质的起源及人质的理论

要研究中国古代的人质现象,对一些基本问题必须进行阐述。众所周知的"周郑交质",可以说是中国有史以来见诸史籍的最大最早的一起人质事件。据《左传·隐公三年》载:"郑武公、庄公为平王卿士。王贰于虢。郑伯怨王。王曰:'无之。'故周、郑交质。王子狐为质于郑,郑公子忽为质于周。"②三国孙盛亦说:"盟誓之文,始自三季,质任之作,

---

① 孙瑞:《试论春秋时期的人质》,《史学集刊》1996年第1期;《试论战国时期人质的几个特点》,《史学集刊》1997年第4期;《试论战国时期的质宫制度》,《吉林大学社会科学学报》1996年第5期。

② 上海人民出版社编:《春秋左传集解》,上海人民出版社1997年版,第19页。

起于周微。"①可见,周王室的衰微和信任危机的出现是周代人质制度产生的一个历史渊源,但这还不是人质问题产生的最早根源。

从"质"字的结构和本义看,与经济活动中的物品交换有关,《说文》:"質,以物相赘。从贝;从所,阙。"②贝是古代的货币形式,质的本义应是指经济活动中用来作抵押的财物或货币。质与财物有关还有一例,西周时期周武王病,"周公乃祓斋,自为质,欲代武王,武王有瘳"。《正义》注云:"(质)音至。周公祓斋,自以贽币告三王,请代武王,武王病乃瘳也。"③在这里,质就是"贽币",礼物或供品之意,周武王向三王祷告,请求以自己的身体代武王受病。周代设有"质人"一职,专门来管理贸易:"质人掌成市之货贿、人民、牛马、兵器、车辇、珍异。凡卖价者质剂焉,大市以质,小市以剂。掌稽市之书契,同其度量,壹其存淳制,巡而考之。犯禁者,举而罚之。"对这段话的疏引惠埼语:"质人卖价,人民用长券,谓之质。王褒《僮约》,石崇奴券,古之质欤?质许赎,鲁人有赎臣妾于诸侯者,而遁逃之臣妾得归其主焉。有主来识认,验其质而归之。"④惠埼认为,"质"就是卖身契、作抵押的凭证等,是可以赎回的。这也是"质"的本义,表明在物品的交换中,先是出现了以物品作抵押的现象,然后从以物做抵押发展到以人做抵押,人质现象也就随之出现。

先秦有"委质"之礼,虽与人质无关,但同质的原始含义却有关联。如子路在孔子设礼诱导下,"儒服委质,因门人请为弟子"。《索隐》按服虔注《左氏》云:"古者始仕,必先书其名于策,委死之质于君,然后为臣,示必死节于其君也。"⑤因此"委质"即献上死去的动物,是下属效忠上级的礼仪之一。

关于人质的定义,学术界并没有一个明确统一的概念。孙瑞认为,

---

① [晋]陈寿撰、裴松之注:《三国志》卷二十四《魏书·高柔传》注引孙盛言,中华书局1959年版,第687页。
② 许慎著、段玉裁注:《说文解字段注》,成都古籍书店1981年版,第298页。
③ 司马迁:《史记》卷四《周本纪第四》,中华书局,1959年版(本书中《史记》引文均为此版本)第131~132页。
④ [清]孙怡让撰,王文锦、陈玉霞点校:《周礼正义》,卷二十七《地官·质人》正文及注疏,中华书局1987年版,第1076页。
⑤ 《史记》卷六十七《仲尼弟子列传》,第2191页。

"人质就是以人身做保证向对方做出承诺的一种抵押方式"。① 这种概念过于简单,也不够全面,只适用于春秋战国时期的人质。而关于中国古代人质的概念也没有见到,我们不妨借鉴一下现代法学上的劫持人质概念:"劫持人质案件,是指犯罪分子以暴力手段控制一人或多人的人身自由,并以处死或伤害、折磨被控制者相挟持,强迫第三方或被控制者本人满足其某种要求的犯罪案件。由于被控制者成了犯罪分子满足其要求的'抵押品',所以将其称为人质。"②我国刑法第239条有"绑架罪"的规定:"以勒索财物为目的绑架他人的,或者绑架他人作为人质的,处十年以上有期徒刑或者无期徒刑,并处罚金或者没收财产;情节较轻的,处五年以上十年以下有期徒刑,并处罚金。"③由于劫持人质对公民的人身权利造成很大威胁,因而我国对劫持人质罪的处罚仍然很重。

笔者的看法是,中国古代的人质现象指以某个或某些人作抵押以达到一定目的的现象。具体说来,在人质现象中体现出的人质关系由三个要素组成:控制人质方、人质、因人质被要挟方。控制人质方就是接受人质或强行扣押人质的一方,居于主动地位;当作抵押品被操纵的人就是人质;人质的被要挟方就是出质方,或是与人质有密切相关,不希望人质受到伤害的一方。在某些特殊情况下,人质本身又是被要挟方。人质关系按其表现形式,又可分为显性人质和隐性人质两种。所谓显性人质,即人质之作为人质的地位和角色是明确而显见的,如双方交换人质,一方向另一方单独出质,强行扣押人质等。隐性人质中,人质的身份表现得不是那么明确,但事实上充当了人质。从构成隐性人质关系的三个要素来看,控制人质方是明显而确定的;人质本身是不自主地充当了人质的角色,尽管没有明确指出其人质的地位;人质的被要挟方也比较隐晦。如曹操挟汉献帝以令诸侯,汉献帝就充当了曹操的人质。为达到一定目的而有意识地利用人质为工具的行事方式就是人质手段。

人质关系的形成有以下几种方式,一是强行扣押人质,二是单方面主动或被迫出质,三是互换人质。强行扣押人质是利用一定的条件强

---

① 孙瑞:《试论春秋时期的人质》,《史学集刊》1996年第1期。
② 郝宏奎:《劫持人质案件的概念、特点和类型》,《政法学刊》1998年第2期。
③ http://www.lawtime.cn/faguizt/23.html#9

制把无辜的人扣为人质或用暴力劫质;单方面出质的一般是从属或弱势的一方向上级或强势的一方出质,出质方和受质方不是平等的;而互换人质中取得对方信任的目的更强,双方的实际地位多是对等的,如周郑交质。周王虽名义上是天下共主,但王室的衰微已经使其实际地位还不如强大的诸侯。交换人质在春秋战国时期很普遍,而在两汉魏晋南北朝时期,交换人质却极少出现,更多的是强拘人质和单方面主动或被迫出质。中国历史上人质现象多出现于社会动荡之时,如春秋战国、汉末三国、五胡十六国、南北朝时期以及此后各朝代中的战乱时期。

从人质发生的角度来看,人质现象可以分为人质事件和人质制度,与利用人质有关的历史事件就叫人质事件,把人质手段系统运用于政治、军事、外交领域中便形成了人质制度,人质事件和人质制度又是密切关联的,有些人质事件本身就是人质制度的表现。人质事件和人质制度共同构成了人质现象。

因此,从人质关系的表现形式来看,既包括显性人质又包括隐性人质。比一般所说单纯的显性人质范围稍大,与现代意义上的人质概念也有所不同。从人质现象的内涵看,它包括人质事件和人质制度两方面。人质制度是为达到维护政权的目的,系统地利用人质手段并在一定时期内成为常规。

三、本课题的研究思路

研究内容上。关于古代人质的渊源和人质现象的构成要素,学界并没有一个统一的概念。本书对人质的构成要素进行阐述,包括人质的构成、人质的形成要素、人质的分类等等,属于理论上的探索,也希望为后来的研究者起到抛砖引玉的作用。研究对象既包括劫持人质,又包括人质制度,把偶发的人质事件与系统的人质制度结合起来进行考察。研究的跨度长,从两汉一直到南北朝,上承先秦,下启隋唐。注重人质制度的发展演变,长时段的考察更容易发现人质现象的规律。

综合运用历史文献和出土资料。在原始资料的收集上,不仅全面梳理正史资料,还注意利用类书、随笔、文学等文字材料,简牍、汉画像石等出土实物资料。力求占有翔实的原始资料,并吸收今人的最新研究成果。

研究方法上。尝试采用跨学科理论对人质问题进行阐释。人质现象史首先属于政治制度史的内容,同时也属于社会史、法制史的范畴,因此研究的内容具有学科交叉的特点。基于此,研究在注重实证的基础上,将借鉴法学理论、社会学、政治学、控制理论等进行分析。如政府控制理论、社会控制理论等等。其次是对人质现象的材料进行归纳统计,运用多学科理论做出科学的分析,力求得出严谨可信的结论。

第一章 汉代以前的人质现象

从历史记载来看,早在三代的殷商时期就已经出现了人质现象。商朝末年,纣王"囚西伯羑里",把西伯姬昌囚禁起来以后,又把他的长子伯邑考作为人质置于殷都。后来纣王把伯邑考烹为羹,赐予周文王姬昌,文王忍悲食之。①《春秋左传》卷四十《襄公三十一年》亦载"纣囚文王七年",商纣王囚文王尚不是严格意义上的人质,但伯邑考被纣王质于殷都显然是充当了人质,作为纣对文王进行要挟的筹码。到了春秋战国时期,人质手段大行其道。

第一节 春秋时期的人质

春秋时期的人质问题一开始就与外交斗争密不可分,鲁隐公三年(公元前720年)的周郑交质是人质外交的典型事件。春秋时期,秦、晋、齐、楚几个大国成为主要的人质接纳国,几国之间的人质往来构成

---

① 《史记》卷三《殷本纪第三》,《帝王世纪》注"文王之长子曰伯邑考质于殷",第106~107页。

了春秋时期外交斗争的重要方式。

秦缪公十五年(公元前645年),①秦晋战于韩原,秦俘获晋侯而归。十一月,秦国释放了晋君夷吾,条件是夷吾献其河西地,并"使太子圉为质于秦",②秦国把宗女嫁给子圉为妻。《史记》卷三十九《晋世家》也记载,晋惠公八年(公元前643年),"使太子圉质秦"。此为同一件事,但时间记载有歧异。秦国利用晋君夷吾达到了勒索土地的目的,夷吾被释放,太子圉却留在秦国充当人质,秦国仍然利用人质手段占据了外交上的主动。

在齐、晋两国的争霸战争中,齐国一再以遣送人质的方式来退兵。齐顷公八年(即晋景公九年,公元前592年),晋伐齐,"齐以公子强质晋,晋兵去"。③ 晋景公十一年(公元前589年),晋派大将郤克等率兵联合鲁、卫共同伐齐,与顷公战于鞌,齐师败走,晋军追至齐国。齐顷公献宝器以求和,晋军不听。郤克要求以齐顷公母为人质,被齐国的使者拒绝:"顷公母犹晋君母,奈何必得之?不义,请复战。"晋国最终答应与其言和退兵。齐国被晋军打败后,曾先后派公子强、公子光到晋国充当人质,但只是换来暂时的安宁。齐灵公十年(公元前572年)"晋悼公伐齐,齐令公子光质晋"。灵公十九年(公元前563年),立子光为太子。

楚国的外交同样与人质有很大关系,楚庄王十七年(公元前597年),楚国攻下郑国,"潘尪入盟,子良出质"。④ 楚郑两国通过盟约和出质的方式停战,子良是郑伯的弟弟,地位非常重要,因而被选为人质派往楚国。蔡昭侯十三年(公元前506年),楚国攻蔡,"蔡昭侯使其子为质于吴,以共伐楚"。⑤ 蔡昭侯向吴国出质,显然是为了结盟,以求得对抗楚国的援军。

春秋时期吴越两国的斗争也离不开人质外交,吴王夫差打败越国,越王勾践回国后励精图治,并"使范蠡与大夫柘稽行成,为质于吴。二

---

① 本书公元纪年根据方诗铭《中国历代纪年表》,上海辞书出版社1980年版。
② 《史记》卷五《秦本纪》,第189页(《左传·僖公》作僖公十七年),与《史记》卷三十九《晋世家》所载时间也不相同。
③ 《史记》卷三十二《齐太公世家》,第1497页。《史记》卷三十九《晋世家》,第1678页亦载。
④ 《史记》卷四十《楚世家》,第1702页。
⑤ 《史记》卷三十五《管蔡世家》,第1568页。

岁而吴归蠡"。① 吴国接受越国两位大臣而不是太子作人质,并且两年就把人质放还了,夫差在政治处于上风的情况下,并没有很好的利用人质外交,表明吴王在政治上的短见。释放人质等于对越国放松控制,从某种程度上说,这是越国在劣势的情况下取得的外交胜利,为后来复仇灭吴创造了条件。

春秋时期的人质外交不仅表现在遣送或接纳人质,也表现在用劫持人质的手段来开展外交。鲁庄公十三年(公元前681年),庄公与曹沫会齐桓公于柯,"曹沫劫齐桓公,求鲁侵地,已盟而释桓公"。② 曹沫的壮举得到了后人的肯定,在汉代的画像石中,有曹沫劫持齐桓公的画像。③(见图1)

图 1　曹沫劫齐桓公　武梁祠画像

国内政治斗争同样离不开劫持人质的手段,晋厉公六年(公元前575年)十二月,厉公令胥童以兵800人袭攻杀三郤。"胥童因以劫栾书、中行偃于朝",并说:"不杀二子,患必及公。"厉公不忍心加害,结果胥童被杀,厉公也被废杀。④ 楚惠王二年(公元前487年),白公胜与勇

---

① 《史记》卷四十一《越王勾践世家》,第1742页。
② 《史记》卷三十三《鲁周公世家》,第1531页。《史记》卷八十六《刺客列传》对此也有记载。
③ 巫鸿著,柳杨、岑河译:《武梁祠——中国古代画像艺术的思想性》,生活·读书·新知三联书店2006年版,第320页,图版146。
④ 《史记》卷三十九《晋世家》,第1681页。

力死士石乞等袭杀令尹子西、子綦于朝,"因劫惠王,置之高府"。① 郑子亹十四年,逃亡在栎的郑厉公使人诱劫郑大夫甫假,②要求返国。甫假答应只要释放自己,便为厉公"杀郑子而入君",厉公与盟。六月,甫假杀郑子及其二子而迎厉公突即位,结果厉公还是杀掉了甫假。在统治阶级的内部争斗中,也往往采用劫持人质的手段。卫出公辄十二年(公元前 481 年),卫国发生变乱。孔悝母伯姬"劫悝于厕,强盟之,遂劫以登台",立庄公蒯聩为君。③ 楚平王为了除掉伍奢及其二子,以伍奢为人质往招伍尚、伍员兄弟,伍员一眼看破了楚王的居心:"故以父为质,诈召二子。二子到,则父子俱死。"④

春秋时期的人质事件涵盖了军事求援、外交结盟、夺权斗争等各个方面,这也是后世人质手段应用的主要领域。但春秋时期人质手段的应用尚不成系统,人质制度处于从属地位。

第二节　战国时期的人质

战国时期,人质外交斗争比春秋时期更加激烈。秦国仍然是人质的重要接纳国,并在战国时期的人质外交中居于主动和中心地位。秦惠文王十年(前 328 年),"韩太子苍来质"。⑤ 同年,秦"使公子繇质于魏",并勒索魏国的上郡、少梁两地。⑥可见秦国也往往向别国遣送人质,公元前 306 年,秦武王死,"昭襄王为质于燕,燕人送归,得立"。⑦ 昭襄王六年(公元前 301 年),秦国派司马错定蜀。庶长奂伐楚,斩首两

---

① 《史记》卷四十《楚世家》,第 1718 页。
② 《史记》卷四十二《郑世家》,第 1763 页。
③ 《史记》卷三十七《卫康叔世家》,第 1600 页。
④ 《史记》卷六十六《伍子胥列传》,第 2172 页。
⑤ 《史记》卷五《秦本纪》,第 208 页。
⑥ 《史记》卷七十《张仪列传》,第 2284 页。
⑦ 《史记》卷五《秦本纪》,第 209 页。

万,"泾阳君质于齐"。① 秦国在战争取胜的情况下向齐国遣质,显然是为了配合战争行动而开展的外交活动,无非是为了拉住齐国这个盟友。秦始皇的父亲庄襄王也曾"为秦质子于赵"。《史记正义》注曰:"国彊欲待弱之来相事,故遣子及贵臣为质……国弱惧其侵伐,令子及贵臣往为质……又二国敌亦为交质……《左传》云周郑交质,王子狐为质于郑,郑公子忽为质于周是也。"②由此看来,无论强国弱国,还是实力相当的两国,都有可能出现出质的情况。秦国的几代国君如昭襄王、庄襄王等都曾当过人质。

秦国准备借道两周攻伐韩国,周武公担心借道会冒犯韩国,而不借道又会开罪秦国。于是史厌就向周武公提出了劝韩"与周地,发质使之楚"的建议,通过劝韩国给地周朝,同时又遣质于楚的做法,使秦国怀疑楚国不信任周君,从而放弃假道伐韩之举,同时也不得罪秦国。③ 其实,韩向楚派遣人质无非是借助与楚国的盟友关系同秦国抗衡,表明人质是取得信任的一个重要手段。

楚国与秦国在人质问题上有过一番较量,楚怀王二十六年(公元前303年),齐、韩、魏三国联合伐楚,楚"使太子入质于秦而请救",双方"约为弟兄,盟于黄棘,太子为质"。④秦国派客卿通率兵救楚,三国引兵退去。楚太子到秦国作人质的第二年,秦国一个大夫因私事与楚太子斗,楚太子杀之而逃归。怀王二十八年(公元前301年),秦国与齐、韩、魏又多次攻楚,杀人略地。怀王恐惧之下,二十九年(公元前300年)"乃使太子为质于齐"以求和。后秦昭王以书信邀楚怀王在武关相约结盟,结果秦羁留楚王,并要胁楚国"割巫、黔中之郡"。楚怀王被秦国扣留,太子又在齐国当人质,楚国群龙无首。在这种情况下,齐国君臣经过商议,遂把太子立为楚国新君,在外交上占据了上风。楚顷襄王即位后,经过征战收复了部分失地。顷襄王二十七年(公元前272年),楚国再次与秦结盟,"而入太子为质于秦。楚使左徒侍太子于秦"。三十六

---

① 同上,第210页。(《史记》卷七十二《穰侯列传》作"昭王七年",《史记》卷四十六《田敬仲完世家》作齐湣王二十四年,"秦使泾阳君质于齐",第1898页。湣王在位40年,而在方诗铭《中国历史纪年表》中只显示为17年。)

② 《史记》卷六《秦始皇本纪》,第223页。

③ 《史记》卷四《周本纪第》,第162页。

④ 《史记》卷四十《楚世家》,第1727页。

年(公元前263年),顷襄王病,太子逃归。同年秋,顷襄王卒,太子熊元即位,是为考烈王。考烈王以陪同自己到秦国的左徒黄歇为令尹,封以吴地,号春申君。① 从秦楚外交纷争来看,楚国一再向秦国遣出质,甚至连楚怀王都成为秦国要挟的人质,因此楚国在秦楚外交上始终处于被动的地位,其国力也一再的衰落下去。

燕国在与秦国的外交往来中,多次向秦国遣送人质。燕王哙三年(公元前318年),苏代为齐使于燕,《索隐》认为此次出使就是《战国策》上所说的"子之使苏代侍质子于齐,齐使代报燕"。② 燕王喜二十三年(公元前232年),"太子丹质于秦,亡归燕"。③ 太子丹何时到秦国当人质不得而知,但从他派荆轲刺杀秦始皇来看,太子丹在秦国一定受到了屈辱的待遇。二十九年(公元前226年),秦攻拔蓟城,燕王流亡并徙居辽东,斩杀太子丹以献秦。

赵国是战国七雄之一,但在与秦国的人质外交中同样处于被动的地位。赵惠文王十六年(公元前283年),秦国多次联赵攻齐,苏厉代表齐国致信赵王说:"秦非爱赵而憎齐也,欲亡韩而吞二周,故以齐餤天下。恐事之不合,故出兵以劫魏、赵。恐天下畏己也,故出质以为信。恐天下亟反也,故徵兵于韩以威之。"④ 可见秦国出质的目的是为了配合军事进攻,以期达到安抚和取信盟友的作用,是对人质外交的灵活运用。一旦时机成熟,秦国便会对赵国发动攻击。赵孝成王元年(公元前265年),秦国利用赵王新立,太后辅佐的有利时机加紧攻赵。赵求救于齐,齐国提出"必以长安君为质,兵乃出"。太后不肯,左师触龙经过委婉劝说,终于说服太后派长安君出质,"于是为长安君约车百乘,质于齐,齐兵乃出"。从这件事来看,为了求得援兵而遣质在当时是天经地义的。离开了人质,获取援兵和结盟都会遇到阻碍。赵悼襄王二年(公元前

---

① 对于黄歇与太子完人质于秦一事,春申君本人的传记也有记载。楚顷襄王病,太子也不得归国。黄歇就劝应侯范睢遣归太子:"太子得立,其事秦必重而德相国无穷,是亲与国而得储万乘也。若不归,则咸阳一布衣耳。楚更立太子,必不事秦。"但秦王仍然留太子以求利,无奈之下,太子完在黄歇的帮助下乔装逃回楚国。见《史记》卷七十八《春申君列传》,第2394页。
② 《史记》卷三十四《燕召公世家》引《战国策》,第1555页
③ 《史记》卷三十四《燕召公世家》,第1560~1561页。
④ 《史记》卷四十一《越王勾践世家》,第1817页。

243年),"秦召春平君,因而留之",春平君当时的地位显然是秦国的人质。泄钧对文信侯说:"春平君者,赵王甚爱之而郎中妒之,故相与谋曰'春平君入秦,秦必留之',故相与谋而内之秦也。今君留之,是绝赵而郎中之计中也。君不如遣春平君而留平都。春平君者言行信于王,王必厚割赵而赎平都。"①文信侯听从了他的建议,遣释春平君。可见,人质问题与国内斗争和外交斗争紧密交织着。当秦国国力足够强大时,对赵国的人质要求不是很迫切。秦国统一天下后,秦始皇曾说:"赵王使其相李牧来约盟,故归其质子。已而倍盟,反我太原,故兴兵诛之,得其王。"②这说明盟誓和人质都是为了政治取信的目的,两者并非一定要同时存在,但仅靠约盟的方式难以保证双方的互信,秦国遣归赵国质子,也并非真正相信盟誓,而是依仗其强大的国力足以制服赵国。

在秦国与韩、魏等国的外交斗争中,人质手段也一再地被使用,纵横家们在其中发挥了推波助澜的作用。苏秦兄弟三人及公孙衍是主张合纵的代表人物,尤其是苏秦,他推行"合众弱以攻一强"的策略,人质外交成为他们推行合纵的一个重要工具。韩宣惠王十九年(前314年),秦出兵伐韩,大破岸门,韩国被迫遣"太子仓质于秦以和"。③韩襄王十二年(前307年),太子婴死。公子咎和公子虮虱争为太子,当时"虮虱质于楚"。苏代通过种种外交活动,最后虮虱竟不得归韩,韩立咎为太子。表明在这场外交斗争中,韩、齐、魏的联合占了上风,楚国的人质外交并未奏效。魏安釐王九年(公元前268年),秦国攻拔魏国的怀地,十年,"秦太子外质于魏死"。秦国太子在魏国死亡是否与秦国攻魏有关尚不得知,太子死后的第二年,即魏安釐王十一年,秦国又攻拔魏国郪丘。

苏秦劝魏王与楚赵合纵,"挟韩之质以存韩,而求故地,韩必效之"。《索隐》注云:"言韩以质子入赵,则赵挟韩质而亲韩也。"人质是结盟合纵的一个重要条件。魏安釐王三十年(公元前247年),魏公子无忌归魏以后,率五国兵攻秦。此时"魏太子增质于秦",秦王一怒之下欲囚魏太子增。苏秦劝秦王与其把增囚禁起来,"不若贵增而合魏,以疑之于

---

① 《史记》卷四十三《赵世家》,第1822~1823、1830页。
② 《史记》卷六《秦始皇本纪》,第235页。
③ 《史记》卷四十五《韩世家》,第1871页。

齐、韩",①秦王才打消这个念头。如果没有苏秦为魏太子说话,太子增被囚禁乃至被杀都是有可能的。苏秦在劝说赵肃侯时主张六国合纵,他说:"窃为大王计,莫如一韩、魏、齐、楚、燕、赵以从亲,以畔秦。令天下之将相会于洹水之上,通质,刳白马而盟。"可见互遣人质是结盟的一个重要条件,纵横家们是深知这个道理的。

苏秦的弟弟苏代、苏厉同样是纵横家,苏代劝燕王派质子入齐时说:"王诚能无羞从子母弟以为质,宝珠玉帛以事左右,彼将有德燕而轻亡宋,则齐可亡已。"燕王于是"使一子质于齐"。出质就意味着外交上受到制约,燕王却不明白这个道理。苏厉因燕质子而求见齐王,齐王由于怨恨苏秦,欲囚苏厉。燕质子为他求情,苏厉遂"委质为齐臣"。② 在苏代的挑拨下,燕国出现内乱,齐国趁势伐燕,杀燕王哙和燕相子之。可见,人质是纵横家们的工具,他们的活动不仅没有帮助弱小的国家,反而给这些国家带来了灾难。齐伐宋,苏代为解救宋的危急,便致书燕昭王说,"夫列在万乘而寄质于齐,名卑而权轻",劝燕不要帮助齐、梁。苏代指出燕国由于人质在别国手里而受制于人的道理是真的,但燕国当初之所以如此做,正是听从了苏代的建议。人质的价值怎样,全凭纵横家们信口评说。苏代还游说燕昭王,令辩士如此劝说秦王:"然则王何不使可信者接收燕、赵,令泾阳君、高陵君先于燕、赵?秦有变,因以为质,则燕、赵信秦。秦为西帝,燕为北帝,赵为中帝,立三帝以令于天下。"《索隐》注曰:泾阳君、高陵君二人,是"秦王母弟也。高陵君名显。泾阳君名悝"。苏代还向燕王提到,秦国与魏国结盟时,曾"至公子延",③即把魏公子延作为秦国人质。

张仪也是纵横家,以推行"连横"著称,主张"事一强以攻众弱"。秦惠王十年(公元前328年),公子华与张仪攻降魏国的蒲阳后,张仪劝秦与魏和好,并"使公子繇质于魏"。人质送去后,张仪又对魏王说:"秦王之遇魏甚厚,魏不可以无礼。"魏于是割上郡、少梁于秦,谢秦惠王。秦国作为战胜国却向战败的魏国出人质,因此被视为大国的恩惠,张仪乘机向魏国勒索,魏国也不可能利用秦国的人质在外交上争得主动。张

---

① 《史记》卷四十四《魏世家》,第1861~1863页。
② 《史记》卷六十九《苏秦列传》,第2267页。
③ 同上,第2270、2275页。

仪劝楚王时，同样拿人质说事："今秦与楚接境壤界，固形亲之国也。大王诚能听臣，臣请使秦太子入质于楚，楚太子入质于秦，请以秦女为大王箕帚之妾，效万室之都以为汤沐之邑，长为昆弟之国，终身无相攻伐。臣以为计无便于此者。"①与秦国互遣人质，不相攻伐，这当然是楚国求之不得的，以至于楚王听任张仪摆布，其实人质对强大的秦国根本无足轻重。张仪用人质外交拆散了楚齐联盟，连横政策取得了胜利。

秦始皇即位以后，继续推行瓦解诸国联盟的政策，他派刚成君蔡泽使于燕，"三年而燕王喜使太子丹入质于秦"。甘罗与张唐出使赵国时，甘罗对赵王说："燕太子丹入秦者，燕不欺秦也。张唐相燕者，秦不欺燕也。燕、秦不相欺者，伐赵，危矣。"②他提出赵王割出五城于秦，使秦国遣归燕太子，与赵一起攻打燕国。赵王听从了他的建议，赵攻燕，得上谷三十城，把其中的十一个城献给秦国。人质表示信任和结盟是人所共知的道理，而秦国把燕国人质遣回也意味着解除盟友关系，再一次证明了人质在外交中的作用。

战国时期，除了诸侯国之间互遣人质外，也有向少数民族政权出质的情况。如"燕有贤将秦开，为质于胡，胡甚信之"。③ 人质熟知敌国情形，起到了间谍的作用。不仅如此，少数民族政权之间也有人质外交。匈奴头曼单于的少子出生后，"欲废冒顿而立少子，乃使冒顿质于月氏。冒顿既质于月氏，而头曼急击月氏"。④ 头曼单于的目的是借月氏之手杀掉作为人质的冒顿，月氏欲杀冒顿，不料冒顿盗其善马，骑之而归。

除了遣送人质以外，战国的劫持人质事件也一再出现。与春秋时期曹沫劫齐桓公相似，战国时期在盟会上用劫持人质的手段达到外交目的的还有蔺相如。秦惠文王在位时，秦赵在渑池盟会，为了反击秦王侮辱赵王之举，蔺相如要求秦王击缶。秦王不肯，相如曰："五步之内，相如请得以颈血溅大王矣！"⑤实际上威胁要把秦王当做人质劫杀，终于迫使秦王击缶。而著名的荆轲刺秦王事件，荆轲之所以失败被杀，一个重要原因就在于荆轲的首要目的并非杀死秦王，而是要劫质秦王订立

---

① 《史记》卷七十《张仪列传》，第 2292 页。
② 《史记》卷七十一《甘茂列传》，第 2320 页。
③ 《史记》卷一百一十《匈奴列传》，第 2885 页。
④ 同上，第 2888 页。
⑤ 《史记》卷八十一《廉颇蔺相如列传》，第 2442 页。

对燕国有利的合约。太子丹对荆轲曾说:"诚得劫秦王,使悉反诸侯侵地,若曹沫之与齐桓公,则大善矣;则不可,因而刺杀之。"荆轲失败后箕踞而骂曰:"事所以不成者,以欲生劫之,必得约契以报太子也。"①

人质斗争还体现于国内政治斗争中,战国时,孟尝君相齐,有人散布谣言说孟尝君要作乱,"及田甲劫湣王,湣王意疑孟尝君,孟尝君乃奔"。《集解》徐广曰:"湣王三十四年,田甲劫王,薛文走。"②

贾济东认为,春秋战国的诸侯国之间的外交人质"其实就是把一种特殊的贽、特殊的礼物送给盟国做抵押"。但外交人质并不能起到应有的政治互信的目的,正如司马迁所指出的,战国时期,诸侯国"务在强兵并敌",专用谋诈,故而"矫称蜂出,誓盟不信,虽置质剖符犹不能约束也"。③

小结 先秦人质的特点

1. 人质的形成方式

从人质的形成方式来看,春秋战国时期,劫质、交质、主动遣质、扣留人质等方式均已出现。不仅有诸侯国之间的人质往来,也出现了将领出质的情况。

春秋战国时期交换人质的情况普遍出现,既有王室与诸侯交换人质、诸侯与诸侯之间的交换人质,也有公室与卿大夫家族之间的交质现象。

从出质的方向来看,一般是弱国向强国出质,势均力敌的两国交质,但也有强国向弱国出质的情况,如秦国就曾向燕国、赵国、齐国、楚国等诸侯国纳质,主要目的是为了笼络盟友。

2. 人质的目的和作用

国家间的人质主要发生在诸侯国之间,与军事外交斗争紧密联系,

---

① 《史记》卷八十六《刺客列传》,第2535页。
② 《史记》卷七十五《孟尝君列传》,第2357页。田甲劫湣王的具体事迹不详,时间记载也有分歧,《史记》卷四十六《田敬仲完世家》第1898页同样引《集解》徐广注则云:"(湣王)三十年,田甲劫王,相薛文走。"
③ 《史记》卷十五《六国年表第三》,第685页。

具有结盟、请援、取信等目的。可以说,春秋战国时期的人质主要是外交斗争的问题,其他目的的劫持人质并不是很多。此外在先秦也存在为求人才而遣送人质的情况,秦昭王听说孟尝君贤,"乃先使泾阳君为质于齐,以求见孟尝君"。① 秦昭王甚至还想任用孟尝君为相,被大臣谏止。

3. 人质的身份及人质管理

在人质的身份方面,据孙瑞统计,春秋时期的人质身份有王子一例、诸侯一例、诸侯妻子一例、诸侯太子五例、诸侯公子十例、卿大夫及卿大夫子弟十五例,以国君母亲为质的一例。②

人质的管理已经比较成熟,有专门的质宫来安置人质。关于人质的待遇,弱国派往强国的人质往往不被尊重。如燕国太子丹到秦国为人质就是这样。邹阳在给梁孝王的上书中提到:"臣闻忠无不报,信不见疑,臣常以为然,徒虚语耳。昔者荆轲慕燕丹之义,白虹贯日,太子畏之。"《集解》应劭注曰:"燕太子丹质于秦,始皇遇之无礼,丹亡去,故厚养荆轲,令西刺秦王。精诚感天,白为之贯日也。"③人质是不能保证双方的信任的。据《史记》卷八十六《刺客列传》记载:"燕太子丹者,故尝质于赵,而秦王政生于赵,其少时与丹欢。及政立为秦王,而丹质于秦。秦王之遇燕太子丹不善,故丹怨而亡归。"从中来看,燕太子丹作为人质,与生于赵国的秦王政熟识,表明他们的居住地都在邯郸,且相距不远。嬴政立为秦王后却没有善待在秦国做人质的燕太子丹。

关系紧张的两国,其人质的日子也不好过。子楚为秦质子于赵,"秦数攻赵,赵不甚礼子楚。"《左传》曰"信不由中,质无益也"。以秦赵两国的战争状态,赵国不杀掉作为人质的子楚已经不错了,子楚生活窘况使得吕不韦有机可乘,"奇货可居"。秦昭王五十年(公元前 257 年),秦王使王齮围邯郸,赵在危机之下欲杀子楚,"子楚与吕不韦谋,行金六百斤予守者吏,得脱,亡赴秦军,遂以得归"。④ 若没有吕不韦相助,子楚被杀无疑,这也从一个侧面反映出赵国的腐败。

春秋战国时期的人质事件,详见下表。

---

① 《史记》卷七十五《孟尝君列传》,第 2354 页。
② 孙瑞:《试论春秋时期的人质》,《史学集刊》1996 年第 1 期。
③ 《史记》卷八十三《鲁仲连邹阳列传》,第 2470 页。
④ 《史记》卷八十五《吕不韦列传》,第 2505、2509 页。

春秋人质事件列表①

时间	被要挟或出质方	人质及其身份	控制人质方	目的	手段	出处
商朝（年代不详）	周文王	（长子）伯邑考	纣	政治控制	遣质	《史记·殷本纪》引《帝王世纪》
隐公三年（公元前720年）	周王室	（王子）狐	郑国	取信	交质	《左传·隐公三年》
	郑国	（公子）忽	周王室			
庄公十三年（公元前681年）	齐国	齐桓公	鲁国曹沫	索回土地	劫质	《史记·刺客列传》
宋襄公十二年（前639年）	宋	宋襄公	楚	战争	劫质	《史记·宋微子世家》
僖公十七年（当晋惠八年，前643年），638年太子圉质秦亡归，636年，晋文公诛圉	晋	（太子）圉	秦	归晋君夷吾	遣质	《左传·僖公十年》、《史记·晋世家》、《史记·秦本纪》作僖公十五年十一月）
不详（史厌说韩）	韩	不详	楚	结盟	遣质	《史记·周本纪》
文公十七年（前610年）	晋	（大夫）赵穿、公壻池	郑	结盟	交质	《左传·文公十七年》
	郑	（太子）夷、（大夫）石楚	晋			
宣公四年（前605年）	楚庄王	楚文王、成王、穆王之子	（卿大夫）越椒	求和	出质	《左传·宣公四年》
宣公十二年（前507年）	郑	（郑伯弟）子良	楚	罢兵求和	出质	《左传·宣公十二年》
楚庄王十七年（前597年）	郑	子良	楚	结盟退兵	出质	《史记·楚世家》
宣公十四年（前595）	郑	（卿大夫）子张	楚	罢兵求和	遣质	《左传·宣公十四年》
宣公十五年（前594）	宋	（卿大夫）华元	楚	议和	遣质	《左传·宣公十五年》

---

① 春秋人质事件列表纪年依《史记·十二诸侯年表》。

续前表

宣公十八年/（前591年）	齐	（公子）强	晋	退兵求和	遣质	《史记·齐太公世家》第1497页（《左传·宣公十八年》、《史记·晋世家》）
成公二年（前589）	鲁	（公子）公衡	楚	罢兵求和	遣质	《左传·成公二年》
成公五年（前586）	宋	（公子）围龟（华元享之）	楚	罢兵求和	遣质	《左传·成公五年》
成公十年（前581）	郑	（大夫）子驷	晋	结盟	出质	《左传·成公十年》
成公十七年（前574）	郑	郑大子髡顽、侯獳	楚	政治控制	出质	《左传·成公十七年》
成公十七年（574）	晋厉公	栾书、中止行偃	胥童	政治内争	劫质	《左传·成公十七年》
襄公元年/齐灵公十年（前572年）	齐	（公子）光	晋悼公	退兵求和	出质	《史记·齐太公世家》、《左传·襄公元年》
襄公十五年（前558）	郑	（太子）黑	宋	使宋遣送叛乱余党	出质	《左传·襄公十五年》
襄公二十五年（前年548）	卫	卫侯妻	齐	索取土地	留质	《左传·襄公十五年》
齐景公九年（前539年）	齐	（太子）彊	晋	退兵	遣质	《史记·晋世家》
昭公十三年（前529年）	许	（卿大夫）许围	楚	降服控制	拘质	《左传·昭公十三年》
昭公二十年（前522年）	伍尚伍员	（父）伍奢	楚平王	诱执伍奢二子	留质	《史记·伍子胥列传》、《左传·昭公二十年》
昭公二十年（前522年）	宋元公	（太子）栾（母弟）辰（公子）地	（卿大夫华定、华亥、向宁）	结盟	交质	《左传·昭公二十年》
	华亥向宁华定	华亥之子无戚、向宁之子罗、华定之子启	宋元公			

续前表

定公三年（前507年）	蔡	（太子）元大夫之子	晋	求援伐楚	出质	《左传·定公三年》
定公四年（前506年）	蔡	（公子）乾与其大夫之子	吴	结盟退兵	出质	《左传·定公四年》
蔡昭侯十三年（前506年）	蔡昭侯	子	吴	结盟、以共伐楚	质子	《史记》卷三十五《管蔡世家》
哀公元年（前494年）	越	（越王）勾践	吴	战败乞和	拘质	《国语·越语上》
前493年	越	范蠡、大夫柘稽	吴	政治控制	遣质	《史记》卷四十一《越王勾践世家》

战国人质事件列表①

时间及概况	被要挟或出质方	人质及其身份	控制人质方	目的	手段	出处
秦惠文王十年（前328年）	韩	（太子）苍	秦	取信	遣质	《史记·秦本纪》
秦惠王十年（前328年）	秦	（公子）繇	魏	结盟	遣质	《史记·张仪列传》
赵肃侯二十二年（前328年），秦"取我蔺、离石"	赵	（公子）郚	秦	结盟换土地	遣质	《战国策·赵策三》《史记·赵世家》
燕王哙三年（前318年）	燕	质子	齐	结盟取信	质子	《史记·燕召公世家》引《战国策》
秦武王四年（前307年）	秦	（武王异母弟）昭襄王	燕	取信	遣质	《史记·秦本纪》
（齐湣王）二十四年（前300年），二十五年归泾阳君于秦	秦	泾阳君	齐	结盟	遣质	《史记·田敬仲完世家》、《史记·穰侯列传》《史记·秦本纪》作秦昭王六年，即公元前301年）

---

① 战国人质事件列表纪年依《史记》卷十五《战国年表》。

续前表

时间	出质国	质者	受质国	原因	性质	出处
出质时间不详,魏安釐王十年(前267年)质于魏死	秦	质子(不明)	赵	结盟取信	交质	《史记·秦始皇本纪》
秦昭王时	秦	庄襄王子楚(异人)	赵	取信	质子	《史记·秦始皇本纪》、《战国策·秦策五》
出质时间不详,秦王政四年(前243年),秦质子归自赵,赵太子出归国	秦赵	质子(不明)	赵	结盟取信	交质	《史记·秦始皇本纪》
燕昭时	燕	公子(燕昭王弟)	齐	结盟	质子	《战国策·燕策二》
秦庄襄王时	燕	(太子)丹	赵	结盟	质子	《史记·荆轲列传》、《史记·燕召公世家》
秦庄襄王时	秦	(太子)嬴政	赵	结盟	质子	《史记·荆轲列传》
秦王嬴政三年(前244年)出质,燕今王喜二十三年亡归燕	燕	(太子)丹	秦	退兵	质子	《史记·燕召公世家》、《史记·蔡泽列传》
出质时间不详	燕	(贤将)秦开	胡	不明	不明	《史记·匈奴列传第五十》
燕王哙三年(前318年)	燕	质子	齐	结盟取信	质子	《史记·燕召公世家》引《战国策》
韩宣惠王十九年(前314年)	韩	(太子)仓	秦	求和	遣质	《史记·韩世家》
不详	齐	(大臣)张丑	燕	不明	不明	《战国策·燕策三》
秦惠王后元十四年(前311年),张仪劝楚王与秦结盟	秦	太子	楚	结盟	交质	《史记·张仪列传》
	楚	太子	秦			
韩襄王十二年(前311年)	韩	(公子)虮虱	楚	结盟	遣质	《史记·韩世家》
魏哀王十三年(前306年)	魏	太子	楚	结盟		《战国策·魏策二》、《史记·魏世家》
楚怀王二十六年(前303年)	楚	(太子)横	秦	请救兵	入质	《史记·楚世家》
楚怀王二十九年(前300年)	楚	(太子)横	齐	请求结盟	遣质	《史记·楚世家》

续前表

时间	出质国	人质	受质国	目的	类型	史料来源
楚怀王三十年（前299年）	楚	（太子）顷襄王	齐	结盟	遣质	《史记·楚世家》《战国策·楚策》
楚怀王三十年（前299年）	楚	楚怀王	秦	政治控制	留质	《史记·楚世家》
赵惠文王十六年（前283年）秦"恐天下畏己也，故出质以为信"	秦	不详	赵	结盟取信	出质	《史记·赵世家》
顷襄王二十七年（前272年）	楚	（太子）完（左徒）黄歇	秦	结盟	遣质	《史记·楚世家》、《史记·春申君列传》、《战国策·楚策二》
赵孝成王元年（前265年）	赵	长安君	齐	结盟求援	出质	《史记·赵世家》《战国策·赵策四》
出质时间不详，魏安釐王三十年（前247年）秦欲囚人质	魏	（太子）增	秦	结盟	遣质	《史记·魏世家》
（悼襄王）二年（前243年）	赵	（太子）春平君（从质秦归）	秦	政治控制	留质	《史记·赵世家》
出质时间不详	魏	太子、大臣（庞葱）	赵	结盟	遣质	《战国策·魏策二》

第二章 两汉时期的人质

按照人质形成的类型,两汉的人质问题可以分为劫持人质、外交人质、内政人质等几种。

第一节 两汉的劫持人质

劫持人质是最常见的人质现象,汉代也不例外,劫质主要有两种情况,一是战争期间劫质官吏或其家属,二是出于求财等目的而劫质。

一、战争与军事目的的劫持人质

汉代出于战争和军事目的的劫持人质现象最为普遍。早在西汉建立之前,刘邦就经历了一次人质考验。项羽同刘邦在彭城睢水鏖战,项羽大破汉军,并"取汉王父母妻子于沛,置之军中以为质"。① 结果刘邦

---

① 《史记》卷八《高祖本纪》第371页,《汉书》卷一上《高帝纪上》、《汉书》卷四十《王陵传》均有记载。

不为所动,机智应对并最终化险为夷。项羽也曾经劫持王陵的母亲为人质,欲以招降王陵。结果王陵的母亲在汉王使者面前伏剑而死,以坚定儿子跟随汉王的决心。① 项羽两次劫持人质的举动均未能奏效。

劫持人质也用于统治阶级内部斗争,西汉高后崩,大臣欲诛诸吕,当时吕禄为将军,掌握北军。郦商的儿子郦寄(子况)与吕禄相善,于是太尉周勃"乃使人劫郦商,令其子况绐吕禄,吕禄信之,故与出游,而太尉勃乃得入据北军,遂诛诸吕"。② 天下人指责郦况出卖朋友,其实郦况当时处于一个两难的境地,如果不出卖朋友,作为人质的父亲有可能被害,是为不孝,那是更大的骂名。劫质官长也是部下倒戈的常用手段,七国之乱时诸王起兵,"济北王城坏未完,其郎中令劫守其王"。③

王莽统治时期直到东汉初年,劫质人质在战争中屡屡出现。岑彭是南阳棘阳人,"王莽时,守本县长。汉兵起,攻拔棘阳,彭将家属奔前队大夫甄阜。阜怒彭不能固守,拘彭母妻,令效功自补。彭将宾客战斗甚力"。④ 甄阜用拘质将士家属的手段来增强军队的战斗力,当时确实起到了一定的作用。王莽时,以广汉文齐为益州郡太守,推行惠政,"及公孙述据益土,齐固守拒险,述拘其妻子,许以封侯,齐遂不降"。⑤

刘秀争夺天下的过程中,派宗正刘延进攻天井关,与田邑大战多次不胜,后来刘延截获田邑的母弟妻子作为人质。家属被劫,加之更始帝已败,田邑便归顺了东汉。他在给冯衍的信中为自己辩解道:"今故主已亡,义其谁为。老母拘执,恩所当留。"⑥ 东汉初年,"张卬、廖湛、胡殷、申屠建等与御史大夫隗嚣合谋,欲以立秋日貙膢时共劫更始"以便东归,结果阴谋败露。⑦

光武帝建武十六年(40年),"郡国大姓及兵长、群盗处处并起,攻劫

---

① 《史记》卷五十六《陈丞相世家》,第2059~2061页。《汉书》卷四十《王陵传》亦载。
② 《史记》卷九十五《樊郦滕灌列传》,第2662页。
③ 《史记》卷一百零六《吴王濞列传》,第2662页。
④ 《后汉书》卷十七《岑彭传》,中华书局1956年版(本书《后汉书》引文均属此版本),第653页。
⑤ 《后汉书》卷八十六《西南夷传·滇传》,第2846页。
⑥ 《后汉书》卷二十八上《冯衍传》,第974页。
⑦ 《后汉书》卷十一《刘玄传》,第474页。

在所,害杀长吏"。① 顺帝阳嘉三年(134年)三月,"益州盗贼劫质令长,杀列侯"。② 这几种劫质事件不是一般的劫持者所能做到的,并且具有一定的规模,其性质应为农民起义。

东汉末年社会动乱时期,劫持人质的事件频发,王公贵族也不能幸免。灵帝中平元年(189年)黄巾起义,安平孝王刘续"为所劫质,囚于广宗。贼平复国"。③汉末宦官之乱时,太后也被劫为人质。袁绍在建安元年的上书中提到,何进诛杀宦官的谋划失败,"太后被质,宫室焚烧,陛下圣德幼冲,亲遭厄困"。④ 此后的中平六年(189年),袁绍诛杀宦官,"(张)让等数十人劫质天子走河上"。⑤张让等劫质天子是为了避祸,汉代天子作人质自此开始。中平元年,凉州宋建、王国等反,诈金城郡降,求见凉州大人事韩约。韩约起初不见,太守陈懿劝之使往,"国等便劫质约等数十人"。⑥ 而在董卓之乱中,皇帝公卿都曾被劫为人质。董卓被杀后,李傕、郭汜相争,李傕"遂虏掠禁省,劫帝幸北坞,外内隔绝"。⑦ 献帝派杨彪与司空张喜等十余人前去劝和,结果郭汜不从,"遂质留公卿"。李彪责备郭汜道:"奈何君臣分争,一人劫天子,一人质公卿,此可行邪?"⑧

东汉末年,袁术有僭逆之谋,"又闻孙坚得传国玺,遂拘坚妻夺之"。⑨ 曹操挟天子到许,汉献帝无异于他的人质。正如袁绍所说:"当今汉道陵迟,纲弛网绝,操以精兵七百,围守宫阙,外称陪卫,内以拘质,惧篡逆之祸,因斯而作。"⑩

对待劫持人质者,一些大臣往往采取严厉的打击政策,甚至不顾及人质的安危。如陇西隗茂等"夜攻府舍,残杀郡守,贼畏奋追急,乃执其

---

① 《后汉书》卷一下《光武帝纪下》,第67页。
② 《后汉书》卷六《顺帝纪》,第263页。
③ 《后汉书》卷五十《乐成靖王党附安平孝王续传》,第1674页。
④ 《后汉书》卷七十四上《袁绍传》,第2384页。
⑤ 《后汉书》卷七十八《张让传》,第2537页。闵贡勤王时也斥责张让等人"劫迫帝主,荡覆王室"(《后汉书》卷八《孝灵帝纪》注引《献帝春秋》)。
⑥ 《后汉书》卷七十二《董卓传》注引《献帝春秋》,第2321页。
⑦ 《后汉书》卷二十七《赵典传》,第949页。
⑧ 《后汉书》卷七十二《董卓传》,第2337页。
⑨ 《后汉书》卷七十五《袁术传》,第2439页。
⑩ 《后汉书》卷七十四上《袁绍传》,第2398页。

妻子,欲以为质"。孔奋"年已五十,唯有一子,终不顾望,遂穷力讨之"。后来"贼窘惧逼急,乃推奋妻子以置军前,冀当退却,而击之愈厉,遂禽灭茂等,奋妻、子亦为所杀。世祖下诏褒美,拜为武都太守"。① 孔奋对待劫质者毫不手软,不顾及人质,尽管他擒灭了劫贼,但也付出了妻、子被杀的沉重代价,以至于皇帝下诏褒奖。

赵苞任辽西太守的第二年,遣使迎母及妻子,将要到达郡所,道经柳城时与鲜卑大军遭遇,"苞母及妻子遂为所劫质,载以击郡"。赵苞率步骑二万,与贼对阵。其母亲母遥谓曰:"威豪,人各有命,何得相顾,以亏忠义!昔王陵母对汉使伏剑,以固其志,尔其勉之。"苞即时进战,贼悉摧破,其母妻皆为所害。灵帝遣策吊慰,封鄃侯。赵苞归葬母亲以后,对乡人说:"食禄而避难,非忠也;杀母以全义,非孝也。如是,有何面目立于天下!"②于是呕血而死。不向人质妥协,不顾人质安危。赵苞与孔奋、桥玄相似,但忠孝不能两全,赵苞母效法汉初王陵母对汉使伏剑的榜样,都体现出对劫质者的不妥协,也表明人质有一定的主动性。对此,《三国志》也有记载。

二、经济或其他目的的劫持人质

经济目的是劫持人质的一个重要诱因。光和初年,桥玄有少子10岁,独自在门前游玩时被三人持杖劫执,劫贼入舍登楼,向桥玄求钱财,桥玄不给。不久,司隶校尉阳球率河南尹、洛阳令包围了桥玄楼上的劫匪。阳球等恐怕人质被杀,没有逼近。桥玄大呼:"奸人无状,玄岂以一子之命而纵国贼乎!"促令进兵围攻,桥玄的儿子遇害。桥玄诣阙谢罪,请皇帝诏令天下:"凡有劫质,皆并杀之,不得赎以财宝,开张奸路。"皇帝听从了他的建议。"初自安帝以后,法禁稍弛,京师劫质,不避豪贵,自是遂绝"。③可见安帝以后,东汉都城的劫质事件屡屡有发生,朝廷对待劫质态度坚决,桥玄起了示范作用。

《三国志》卷九《夏侯惇传》记载,夏侯惇的部将韩浩斩杀了劫持夏

---

① 《后汉书》卷三十一《孔奋传》,第1099页。
② 《后汉书》卷八十一《独行列传赵苞传》,第2693页。
③ 《后汉书》卷五十一《桥玄传》,第1696页。

侯惇的人,同样是严厉打击劫持人质的典型。汉代对劫持人质处以严酷的处罚,后世却未能遵守,故而韩浩的行为受到魏武帝曹操的嘉奖。

当然,劫持人质还有其他目的。如西汉初年,刘邦欲废太子,立戚夫人子赵王如意。"吕后乃使建成侯吕泽劫留侯",①强迫张良为之出谋划策,张良建议请四皓出山,帮助惠帝即位。吕后胁迫张良,是为了利用人才,以便在立太子的内部斗争中占据主动地位。

三、两汉劫持人质的特点

(一) 被劫持者的身份不乏政治地位极高者

建武九年(33 年),"有盗劫杀后母邓氏及弟䜣"。②《三国志》卷九《夏侯惇传》注引孙盛曰:"案光武纪,建武九年,盗劫阴贵人母弟,吏以不得拘质迫盗,盗遂杀之也。然则合击者,乃古制也。自安、顺已降,政教陵迟,势质不避王公。"东汉初年阴贵人的母弟被劫持,劫质对象"不避王公"绝非虚言。而东汉安帝以后,劫持人质现象更为泛滥,以至于"不避豪贵"。建和元年(147 年),甘陵人刘文与南郡刘鲔勾结,讹言清河王当统天下,欲共立蒜。事情泄露,"文等遂劫清河相谢暠,将至王宫司马门,暠不听,骂之,文因刺杀暠"。③ 王甫等宦官发动政变攻击窦武,"还共劫太后,夺玺书"。④ 在这场统治阶级的内部斗争中占据上风。特别是东汉末年董卓之乱时,公卿大臣,乃至皇帝都成为被劫持的人质。

(二) 汉代对劫持人质者处以极刑

劫持人质是一种犯罪行为,自秦代以来就对劫质处以严厉处罚。《睡虎地秦墓竹简》法律规定:"百姓有责(债),勿敢擅强质;擅强质及和受质者,皆赀二甲。"⑤意即百姓之间有债务,不准擅自强行索取人质;否则均罚二甲。也就是向他人强行索取人质的一方应予处罚,被迫的一方无罪;即便双方同意,则接受人质的一方也要论罪。

---

① 《史记》卷五十五《留侯世家》,第 2044 页。
② 《后汉书》卷十《皇后纪上·光烈阴皇后纪》,第 405 页。
③ 《后汉书》卷五十五《章帝八王传·清河孝王庆传》,第 1805 页。
④ 《后汉书》卷六十九《窦武传》,第 2243 页。
⑤ 睡虎地秦墓竹简整理小组编:《睡虎地秦墓竹简·法律答问》释文,文物出版社 1990 年版,第 127 页。

西汉对劫持人质者处以死刑的重罚,在《张家山汉墓竹简》中有明确的规定:

> 劫人、谋劫人求钱财,虽未得若未劫,皆磔之;罪其妻子,以为城旦舂。其妻子当坐者偏(徧)捕,若告吏,吏捕得之,皆除坐者罪。……相与谋劫人、劫人,而能颇捕其与,若告吏,吏捕颇得之,除告者罪,有(又)购钱人五万。所捕告者多,以人数购之,而勿责其劫人所得臧(赃)。所告勿得者,若不尽告其与,皆不得除罪。诸予劫人者钱财,及为人劫者,同居智(知)弗告吏,皆与劫人者同罪。劫人者去,未盈一日,能自颇捕,若偏(徧)告吏,皆除。①

从上述法律条文来看,凡劫人求财者,无论是否劫到钱财,只要实施了劫质行为就会被处以磔刑的严惩,并且连坐其妻子。那些参与劫持的人,被劫持者以及被劫持者一同居住的家人如果知情不报,也与劫人者同罪。由此可见汉代对劫持人质犯罪行为惩罚的严厉程度。

关于劫持人质,不仅法律规定如此,在实施的过程中也的确是得到了执行。请看下则史料:

> 富人苏回为郎,二人劫之。有顷,广汉将吏到家,自立庭下,使长安丞龚奢叩堂户晓贼,曰:"京兆尹赵君谢两卿,无得杀质,此宿卫臣也。释质,束手,得善相遇,幸逢赦令,或时解脱。"二人惊愕,又素闻广汉名,即开户出,下堂叩头,广汉跪谢曰:"幸全活郎,甚厚!"送狱,敕吏谨遇,给酒肉。至冬当出死,豫为调棺,给敛葬具,告语之,皆曰:"死无所恨!"②

孙家洲认为,赵广汉在办案的过程中,闭口不谈《二年律令》的相关规定,似乎根本不知晓这一法条的存在。他推测是汉文帝时期为了安

---

① 张家山二四七号汉墓竹简整理小组编著:《张家山汉墓竹简(二四七号墓):释文修订本·二年律令》,文物出版社2006年版,第18~19页。

② [东汉]班固撰:《汉书》卷七十六《赵广汉传》,中华书局1962年版(本书《汉书》引文均属此版本),第3202页。

抚周勃、陈平等"诛吕安汉"的功臣,在改革刑制时,有意将汉初的"反劫质"立法予以废除。因为周勃、陈平等人在诛灭吕氏的过程之中,非常不体面地使用过劫持人质的手段。① 这其实是一种误解,不谈律令并不意味着不执行律令,通过上述材料可以看出,劫持人质者尽管没有伤害人质,但仍被处以死刑,并且不会轻易赦免,至于在狱中的优待,只能看做是法外之情,可见汉代对劫持人质惩处的严厉程度,也从另一个侧面证明《二年律令》确实得到了执行。

第二节 两汉的外交人质

一、汉与匈奴的人质关系

（一）西汉与匈奴人质关系

两汉时期,匈奴是朝廷最大的威胁。西汉初年对匈奴采取守势,以和亲政策羁縻之,武帝时对匈奴屡次发动军事打击。无论是和亲政策还是军事行动,人质作为外交手段之一,在汉匈交往中屡有显现。汉武帝元鼎三年（前114年）,匈奴乌维单于立。数年后,汉使王乌等窥探匈奴,单于对汉使者"详许甘言,为遣其太子入汉为质,以求和亲",其实并没有诚意。汉使杨信到匈奴索取人质,杨信见单于后提出:"即欲和亲,以单于太子为质于汉。"单于则回答:"非故约。故约,汉常遣翁主,给缯絮食物有品,以和亲,而匈奴亦不扰边。今乃欲反古,令吾太子为质,无几矣。"并且,汉与匈奴互相羁留对方的使者为人质:"汉留匈奴使,匈奴亦留汉使,必得当乃肯止。"② 所以在外交斗争中,谁都不会轻易地派遣人质,匈奴拒绝遣送人质正是其国力强大的结果,汉匈互相扣留使者为质也反映了两国关系的紧张。西汉初年为了避免匈奴的干扰,对匈奴采取和亲政策,这实际上是在国力不振的情况下向匈奴的贿赂乞和之举。

---

① 孙家洲:《汉代的"反劫质"立法》,《光明日报》2005年6月14日。
② 《史记》卷一百一十《匈奴列传》,第2913页。《汉书》卷九十四上《匈奴传》亦载,路充国出使匈奴时就曾被羁留为人质,匈奴"殊无意入汉、遣太子来质"。

武帝时，董仲舒提出对匈奴采取"与之厚利以没其意，与盟于天以坚其约，质其爱子以累其心"的外交政策。后汉班固认为这是不合时宜的："匈奴人民每来降汉，单于亦辄拘留汉使以相报复，其桀骜尚如斯，安肯以爱子而为质乎？此不合当时之言也。若不置质，空约和亲，是袭孝文既往之悔，而长匈奴无已之诈也。"他主张"守境武略之臣，修障隧备塞之具，厉长戟劲弩之械"，而不是"务赋敛于民，远行货赂，割剥百姓，以奉寇雠"。若单纯的"信甘言，守空约"，是不能免除胡马入侵的。相反，汉宣帝之世，继承武帝之威，大破匈奴，"然后单于稽首臣服，遣子入侍，三世称藩，宾于汉庭。是时，边城晏闭，牛马布野，三世无犬吠之警，黎庶亡干戈之役"。① 这说明汉初单纯的和亲不仅起不到钳制匈奴的作用，反而把从国内百姓敛取的钱财贿赂匈奴，加重了人民的负担。武帝、宣帝时用战争手段迫使匈奴臣服，辅之以外交人质手段的运用，能够换来边境的安宁。

班固还提到汉元帝时，群臣议罢守塞之备，侯应以为不可。"至单于咸弃其爱子，昧利不顾，侵掠所获，岁巨万计，而和亲赂遗，不过千金，安在其不弃质而失重利也？仲舒之言，漏于是矣"。② 从汉朝对匈奴控制的历史可以看出，人质是保证和亲以及盟誓的必要条件，人质也是臣服的象征，即便是人质也不能保证边境的安全，不能罢守塞之备。

随着西汉国力的强大，西汉逐渐在汉匈的人质外交中占据了主动。昭帝时，田广明封昌水侯。一年后，他被任命为祁连将军率兵击匈奴，出塞至受降城。受降都尉刚死，丧柩还在堂上，广明召其寡妻与奸。并且"既出不至质，引军空还"，昭帝让太仆杜延年簿责，广明自杀阙下。③ 田广明自杀其实并没有太大的罪过，除了与人寡妻奸违反军纪外，另一个原因是出兵没有带人质回来。一般来说，对匈奴用兵战胜，是一定要带人质回来的，否则便意味着军事行动失败。建平四年（公元前3年）扬雄上书中也提到："本始之初，匈奴有桀心，欲掠乌孙，侵公主，乃发五将之师十五万骑猎其南，而长罗侯以乌孙五万骑震其西，皆至质而还。时鲜有所获，徒奋扬威武，明汉兵若雷风耳。"西汉对匈奴用兵缴获的战

---

① 《汉书》卷九十四下《匈奴传下》，第3832～3833页。
② 同上，第3833页。
③ 《汉书》卷九十《酷吏传·田广明传》，第3664页。

利品并不多,但却得到了对方的人质,宣扬了大汉的天威。

匈奴分裂后,怎样对待匈奴的人质和降臣是一个敏感的政治问题。成帝河平元年(公元前 28 年),单于遣右皋林王伊邪莫演等奉献朝贡。之后,伊邪莫演对使者说准备归降。光禄大夫谷永、议郎杜钦以为不应受降:"今既享单于聘贡之质,而更受其逋逃之臣,是贪一夫之得而失一国之心,拥有罪之臣而绝慕义之君也。"①单于纳贡遣质,本身就是臣服的象征,再接受单于臣下的归降显然是不合适的。

汉匈人质交往的过程也具有一定的阶段性。陈金生认为,汉匈之间的质子关系,可以概括为征取质子、质子入侍和王莽杀质三个阶段。②在某种程度上指出了汉与匈奴在人质关系上几个发展,但这同样犯了把新朝归入西汉,以西汉和新莽代指两汉的错误。西汉初年,汉匈两国对立,互留人质。汉武帝对匈奴采取打击政策以后,匈奴势力衰落,汉宣帝直到新莽时期,匈奴已经开始向汉朝入侍。两国的关系已经发生变化,如果说昭帝之前两国还是地位平等的关系,而宣帝以后匈奴已经逐步沦为汉的属国。下表 1 反映了匈奴向西汉及新莽遣送人质的情况。

表 1 匈奴向西汉及新莽遣送人质情况

时 间	被要挟或出质方	人质及其身份	控制人质方	目的	手段	出 处
宣帝甘露元年(前 53 年)	匈奴呼韩邪单于	(子)右贤王铢娄渠堂	西汉	归附	入侍	《汉书·宣帝纪》
宣帝甘露元年(前 53 年)	郅支单于	(子)右大将驹于利受	西汉	归附	入侍	《汉书·匈奴传下》
成帝建始二年(前 31 年)	复株累若鞮单于	(子)右致卢儿王醯谐屠奴侯	西汉	臣服	入侍	《汉书·匈奴传下》
成帝鸿嘉元年(前 20 年)	搜谐若鞮单于	(侍子)左祝都韩王朐留斯侯	西汉	臣服	入侍	《汉书·匈奴传下》
成帝元延元年(前 12 年)	车牙若鞮单于	(子)右于涂仇掸王乌夷当	西汉	臣服	入侍	《汉书·匈奴传下》
成帝绥和元年(前 8 年)	乌珠留若鞮单于	(子)右股奴王乌鞮牙斯	西汉	臣服	入侍	《汉书·匈奴传下》

① 《汉书》卷九十四下《匈奴传下》,第 3808 页。
② 陈金生:《汉匈质子关系及其作用述评》,《甘肃联合大学学报》(社会科学版)2009 年第 3 期。

续前表

成帝绥和二年(前7年)	乌珠留若鞮单于	左于驶仇掸王稽留昆	西汉	臣服	入侍	《汉书·匈奴传下》
哀帝元寿二年(前1年)	乌珠留若鞮单于	稽留昆同母兄右大且方与妇	西汉	臣服	入侍	《汉书·匈奴传下》
哀帝时	乌珠留若鞮单于	且方同母兄左日逐王都与妇	西汉	臣服	入侍	《汉书·匈奴传下》
平帝初年	乌珠留若鞮单于	王昭君女须卜居次云	西汉	臣服	入侍	《汉书·王莽传上》
王莽建国三年(11年)	乌珠留若鞮单于	右犁汗王咸、咸子登、助	新	分化匈奴	诱质	《汉书·匈奴传下》
王莽天凤五年(18年)	呼都而尸单于	大且渠奢与醯椟王	新	控制	奉献	《汉书·匈奴传下》

自汉宣帝时呼韩邪单于遣子入侍以来，匈奴单于一旦即位，就会遣子入侍，这是表示归附的一种象征。如"复株累若鞮单于立，遣子右致卢儿王醯谐屠奴侯入侍"；"搜谐单于立，遣子左祝都韩王朐留斯侯入侍"；"车牙单于立，遣子右于涂仇掸王乌夷当入侍"；"乌珠留单于立……遣子右股奴王乌鞮斯入侍"。① 尤其是成帝时，乌珠留单于所遣右股奴王乌鞮斯死后，单于又遣左于驶仇掸王稽留昆入质。由于匈奴采取的是兄终弟及的继承制度，单于遣往汉朝的人质大多是在位单于的儿子，表明汉代并不操纵匈奴内部政权的更替，只是对匈奴的执政者产生一定的控制作用，无论谁当单于，在位期间其儿子都要派往汉朝为质。匈奴对于汉代相当于附属国的地位。从呼韩邪单于向汉称臣便开始纳质，至王莽新政期间，匈奴先后12次向汉朝派遣质子。②

---

① 《汉书·匈奴传下》，第3809~3810页。
② 成琳：《两汉时期民族关系中的"质子"现象》（《新疆大学学报》哲学人文社会科学版2007年第1期）也提到了匈奴向西汉的遣质事例，文中列有"匈奴向西汉遣质表"，列举了西汉至新莽时期匈奴12次遣质的情况。且不论该文把新莽政权归入西汉是否合适，仅表中所列年号的公元纪年就有多处错误，诸如把宣帝甘露元年记为公元前56年（应为公元前53年），成帝鸿嘉元年为公元前23年（应为公元前20年），元延元年为公元前15年（应为公元前12年），成帝绥和元年为公元前9年（应为公元前8年），王莽建国三年为公元7年（应为公元11年），天凤五年为公元13年（应为公元18年）。可参照李崇智《中国历代年号考》，中华书局2001年版，第5页、7页。

（二）东汉与匈奴人质关系

两汉之间，匈奴分裂为南北两部。东汉时期，遣子入侍仍是表示臣服的重要手段。建武二十五年（49年），南单于遣使诣阙贡献，奉蕃称臣。三月，"南单于遣子入侍"。二十六年，"遣中郎将段郴授南单于玺绶，令入居云中，始置使匈奴中郎将，将兵卫护之。南单于遣子入侍，奉奏诣阙。于是云中、五原、朔方、北地、定襄、雁门、上谷、代八郡民归于本土"。① 可见，玺绶、封号、进贡、人质都是臣服的象征。这些手段往往相互配合，不会单独采用。并且南单于归附后，"单于岁尽辄遣使奉奏，送侍子入朝，中郎将从事一人将领诣阙。汉遣谒者送前侍子还单于庭，交会道路"。② 匈奴侍子轮流在汉朝当人质，并且形成制度。

永元十六年（104年），北单于遣使诣阙贡献，愿和亲，修呼韩邪故约。和帝以其旧礼不备，未许之，而厚加赏赐，不答其使。元兴元年（105年），重遣使诣敦煌贡献，辞以国贫未能备礼，愿请大使，当遣子入侍。时邓太后临朝，亦不答其使，但加赐而已。③ 表明入侍有一定的礼节，臣服要礼数备至，需耗费大量的财力。

桓帝延熹元年（158年），南单于诸部并畔，与乌桓、鲜卑侵略缘边九郡，东汉以张奂为北中郎将讨平诸部。"奂以单于不能统理国事，乃拘之"，④ 上书请立左谷蠡王为单于。桓帝并未听从，下诏遣单于还庭。不难看出，东汉能够拘质单于，干预南单于的废立，表明对南匈奴控制的加强。下表2反映了匈奴向东汉遣送人质的情况。

表2 匈奴向东汉遣送人质情况

时间	被要挟或出质方	人质及其身份	控制人质方	目的	手段	出处
建武二十五年（49年）	南单于	质子	东汉光武帝	奉藩称臣	入侍	《后汉书·光武帝纪上》
建武二十六年（50年）	南单于	质子	东汉光武帝	称臣	入侍	《后汉书·光武帝纪上》
永元元年（89年）	北单于	弟右温禺王	东汉和帝	奉贡	入侍	《后汉书·窦宪列传》

---

① 《后汉书》卷一上《光武帝纪上》，第77~78页。
② 《后汉书》卷八十九《南匈奴列传》，第2944页。
③ 同上，第2957页。
④ 同上，第2963页。

续前表

永元三年(91年)	南单于	质子	东汉和帝	臣服遣质	《后汉书·班梁列传》
汉安年间	南单于	质子兜楼储在汉	东汉顺帝	称臣入侍	《资治通鉴·汉纪四十四》
建安二十一年(216年)	南单于	呼厨泉单于入朝,遂留内侍	东汉献帝(实为曹操)	控制留质	《三国志·乌丸传》、《资治通鉴·汉纪五十九》

由此可见,到东汉时期,匈奴对汉朝的依附程度加强了,这在人质问题上有明显的表现。光武帝时期,南单于向汉遣子称臣,至东汉和帝时,北单于遣其弟右温禺王奉贡入侍。东汉对南单于的控制更强,如"呼兰若尸逐就单于兜楼储先在京师,汉安二年立之"。① 兜楼储当单于之前,曾在汉朝为质。至建安年间,曹操更是把入朝的厨泉南单于羁留为质,后来又进一步把匈奴分为五部,其最强的左部要遣质子入朝,②直到曹魏和西晋末年,匈奴的地位至此已形同编户。正如西晋末年的匈奴左贤王刘宣所说:"自汉亡以来,魏晋代兴,我单于虽有虚号,无复尺土之业,自诸王侯,降同编户。"③

二、汉与西域的人质关系

(一)西汉与西域人质关系

在汉代攻打西域的过程中,西域小国为了避免战祸,往往向汉遣送人质。楼兰臣服西汉后向汉朝纳贡,匈奴便发兵攻打楼兰。于是"楼兰遣一子质匈奴,一子质汉"。后贰师军攻击大宛时,武帝派兵捕得楼兰王。武帝责备楼兰王,楼兰王回答:"小国在大国间,不两属无以自安。愿徙国入居汉地。"④武帝把他遣送归国。楼兰王遣质子两属的做法的确出于无奈,这说明小国处大国之间,用质子外交来求得国家的安宁,

---

① 《后汉书》卷八十九《南匈奴传》,第2962页。
② 《晋书》卷五十六《江统传》引江统《徙戎论》:"建安中,又使右贤王去卑诱质呼厨泉,听其部落,散居六郡。"第1534页。
③ [唐]房玄龄、褚遂良等撰:《晋书》卷一百零一《刘元海载记》,中华书局1974年版(本书《晋书》引文均属此版本),第2647页。
④ 《汉书》卷九十六上《西域传上·楼兰》,第3877页。

大国也利用质子来控制小国,是外交斗争的显现。楼兰曾杀害汉使者,傅介子出使西域,他设计刺杀楼兰王,并告谕楼兰诸贵人:"王负汉罪,天子遣我业诛王,当更立前太子质在汉者。"①傅介子采用先刺杀楼兰王,再立在汉为人质的太子为王,便于操纵楼兰内政。

贰师将军李广利攻击大宛,归来途经杅弥,"杅弥遣太子赖丹为质于龟兹"。李广利责备龟兹曰:"外国皆臣属于汉,龟兹何以得受杅弥质?"随即"将赖丹入至京师"。昭帝用桑弘羊建议,"以杅弥太子赖丹为校尉,将军田轮台",龟兹贵人怕赖丹危害其国,劝龟兹王杀掉赖丹,"而上书谢汉,汉未能征"。②杅弥太子赖丹为人质的经历说明臣属国不能接受别国质子,质子可以转送,并且质子的人身安全不能得到保证。李广利攻破大宛后,"诸所过小国闻宛破,皆使其子弟从入贡献,见天子,因为质焉"。③《后汉书》也记载,李广利破大宛,西域各国为汉"兵威之所肃服","献方奇,纳爱质,露顶肘行,东向而朝天子"。④"贰师将军之东,诸所过小国闻宛破,皆使其子弟从军入献,见天子,因以为质焉。"宛贵人杀掉汉使者昧蔡以后,"立毋寡昆弟曰蝉封为宛王,而遣其子入质于汉"。⑤这样做是为了表示臣服,免于汉朝的攻伐。宛王蝉封曾"遣其子入侍于汉。汉因使使赂赐,以镇抚之。蝉封与汉约,岁献天马二匹"。⑥

宣帝即位后,遣五将率兵击匈奴,车师复通于汉。"匈奴怒,召其太子军宿,欲以为质"。军宿是焉耆外孙,他不欲质为匈奴,便逃往焉耆。车师王改立乌贵为太子。及乌贵立为王,转而与匈奴缔结婚姻,"教匈奴遮汉道通乌孙者"。⑦匈奴最初是想通过质子外交的手段来控制车师,结果未能如愿,倒是用缔结政治婚姻的方式达到了结盟的目的。

哀帝建平二年(公元前 5 年),乌孙庶子卑援疐率众入侵匈奴西界抢掠杀人,单于遣军攻打乌孙。卑援疐恐惧之下,"遣子趋逯为质匈奴"。

---

① 《汉书》卷七十《傅介子传》,第 3002 页。
② 《汉书》卷九十六下《西域传下·龟兹国》,第 3916 页。
③ 《汉书》卷六十一《李广利传》,第 2703 页。
④ 《后汉书》卷八十八《西域传》,第 2931 页。
⑤ 《史记》卷一百二十三《大宛列传》,第 3179 页。
⑥ [北宋]司马光撰:《资治通鉴》卷二十一《汉纪》十三,中华书局 1956 年版(本书《资治通鉴》引文均属此版本),第 708 页。
⑦ 《汉书》卷九十六下《西域传下·车师国》,第 3922 页。

单于接受人质后报知汉朝,"汉遣中郎将丁野林、副校尉公乘音使匈奴,责让单于,告令还归卑援疐质子。单于受诏,遣归"。① 乌孙和匈奴都是汉朝的属国,而附属国无权接受他国人质,表明汉朝对匈奴和西域的控制加强了,"自宣、元后,单于称籓臣,西域服从"。② 下表3反映了西域向西汉遣质的情况。

表3 西域向西汉遣质情况

时间	被要挟或出质方	人质及其身份	控制人质方	目的	手段	出处
武帝时期	楼兰	子	匈奴	外交	遣质	《汉书·西域传上》
武帝时期	楼兰	一子	汉	外交	遣质	《汉书·西域传上》
元封八年(前108年)	楼兰	质子	汉武帝	外交	遣质	《汉书·西域传上》
征和元年	楼兰	质子	汉武帝	外交	遣质	《汉书·西域传上》
太初四年(前104年)	扞弥	太子赖丹	龟兹	外交	遣质	《汉书·西域传下》
武帝太初与天汉年间	大宛	其子	汉	归附	遣质	《史记·大宛列传》《汉书·西域传上》
不详	西域诸小国	子弟	汉	归附	遣质	《史记·大宛列传》《汉书·李广利传》
地节与元康年间	乌孙	质子	汉宣帝	归附(元康二年,汉使魏和意、任昌送侍子)	入侍	《汉书·西域传上》
地节二年(前68年)	车师王乌贵	妻子	汉宣帝	外交	遣质	《汉书·西域传下》
元康四年(前62年)	车师王	乌贵	汉宣帝	控制	送质	《汉书·西域传下》
元帝初年	康居	质子(陈汤上言其非王子)	汉	外交	入侍	《资治通鉴·汉纪二十二》

---

① 《汉书》卷九十四下《匈奴传下》,第3811页。
② 《汉书》卷九十六上《西域传上》,第3874页。

续前表

元帝时	莎车王延	侍子(长于京师)	汉	臣服	遣入侍质	《后汉书·西域传》
成帝时(具体时间不明)	小昆弥	侍子	汉	臣服	入侍	《汉书·西域传下》
成帝元延元年(前12年)	匈奴车牙单于	(子)右于涂仇掸王乌夷当	汉	臣服	入侍	《汉书·西域传下》
成帝元延二年(前11年)	康居	子	汉	臣服	入侍	《汉书·西域传下》
哀帝建平二年(公元前5年)	乌孙	卑援子趋逯	匈奴单于	退兵	遣质	《汉书·匈奴传下》

(二) 东汉与西域人质关系

东汉时期,"自建武至于延光,西域三绝三通"。① 东汉初年,由于国家尚未安定,对西域没有给予足够的重视。班固提到"自建武以来,西域思汉威德,咸乐内属。唯其小邑鄯善、车师,界迫匈奴,尚为所拘。而其大国莎车、于阗之属,数遣使置质于汉,愿请属都护"。东汉初年西域各国遣质于汉,目的是为了对抗强敌,寻求东汉的庇护。而光武帝则"因时之宜,羁縻不绝,辞而未许"。②其原因主要是光武帝担心接受西域人质后,也不能实际控制。建武二十一年(45年)冬,"车师前王、鄯善、焉耆等十八国俱遣子入侍,献其珍宝。及得见,皆流涕稽首,愿得都护。天子以中国初定,北边未服,皆还其侍子,厚赏赐之"。此时莎车王贤自负兵强,欲并兼西域。"诸国闻都护不出,而侍子皆还,大忧恐,乃与敦煌太守檄,愿留侍子以示莎车,言侍子见留,都护寻出,冀且息其兵"。西域诸小国之所以遣子入侍,主要是希望东汉派出都护,获得东汉保护,免受莎车攻伐。建武二十二年(46年),莎车王贤知都护不至,遂发兵先后打败鄯善,攻杀龟兹王,兼并其国。"鄯善、焉耆诸国侍子久留敦煌,愁思,皆亡归。鄯善王上书,愿复遣子入侍,更请都护"。③ 东汉迫于

---

① 《后汉书》卷八十八《西域传·序》,第2912页。

② 《汉书》卷九十六下《西域传下》,第3930页。《后汉书》卷一下《光武帝纪》亦载:建武二十一年(45年)冬,"鄯善王、车师王等十六国皆遣子入侍奉献,愿请都护。帝以中国初定,未遑外事,乃还其侍子,厚加赏赐"。

③ 《后汉书》卷八十八《西域传》,第2924页。

匈奴的压力，最终没有派出都护，结果鄯善、车师转而依附匈奴，而莎车王贤更加骄横。东汉武帝始终没有派都护到西域，结果把西域拱手让于匈奴，确实可惜。其实东汉不必派太多的军队，只要派出如班超那样的强臣，完全可以利用西域诸小国的力量来对抗莎车和匈奴。莎车王贤控制西域后，"疑诸国欲畔，召位侍及拘弥、姑墨、子合王，尽杀之，不复置王，但遣将镇守其国"。后"位侍子戎亡降汉。封为守节侯"。① 留在东汉敦煌的侍子逃归，以及在莎车的侍子逃亡东汉，都表明东汉对西域侍子采取了听之任之的放弃政策。

光武帝拒绝西域诸国人质是由于国力不张，到永平十六年（73年），汉明帝命将帅北征匈奴，"取伊吾卢地，置宜禾都尉以屯田，遂通西域，于寘诸国皆遣子入侍。西域自绝六十五载，乃复通焉"。第二年，开始设置都护、戊己校尉。东汉与西域的关系再次打通，其标志就是西域诸国遣子入侍，东汉在那里设置都护等管理机构。明帝去世后，焉耆、龟兹攻又攻打东汉都护陈睦，汉军覆没，匈奴、车师围攻戊己校尉，东汉与西域的关系又中断了。建初元年，"章帝不欲疲敝中国以事夷狄，乃迎还戊己校尉，不复遣都护。"和帝永元三年（91年），班超遂定西域，于是以班超为都护，居龟兹。复置戊己校尉。永元六年，"班超复击破焉耆，于是五十余国悉纳质内属。其条支、安息诸国至于海濒四万里外，皆重译贡献"。② 因此，汉代对西域的关系以及对西域控制程度的强弱可以从入侍的情况看出，西域质子成为汉与西域的三绝三通的重要表征。

两汉时期与西域的关系都离不开同匈奴的争夺，建初三年（78年），班超上书论控制西域政策："今宜拜龟兹侍子白霸为其国王，以步骑数百送之，与诸国连兵，岁月之间，龟兹可禽。以夷狄攻夷狄，计之善者也。"③班超此计，是以侍子为外交工具，采取以夷狄攻夷狄的策略平定西域。

章帝元和三年（86年），匈奴闻于寘王广德灭莎车，发兵三万余人围于寘，"广德乞降，以其太子为质，约岁给罽絮"。当年冬，匈奴"复遣兵将贤质子不居徵立为莎车王"。④ 结果广德又攻杀之，改立其弟齐黎为

---

① 《后汉书》卷八十八《西域传》，第2925页。
② 同上，第2910页。
③ 《后汉书》卷四十七《班超传》，第1576页。
④ 《后汉书》卷八十八《西域传》，第2926页。

莎车王。东汉班超发诸国兵击莎车,大破之,莎车于是降汉。此事在《班超传》亦载。

和帝永元二年(90年),"大将军窦宪破北匈奴,车师震慑,前后王各遣子奉贡入侍,并赐印绶金帛"。① 永元三年冬十月,和帝下诏曰:"北狄破灭,名王仍降,西域诸国,纳质内附,岂非祖宗迪哲重光之鸿烈欤?"并且赐行所过二千石长吏已下及三老、官属钱帛,以及贫者粟。可见纳质与入侍同义,接受人质是国力强大的象征。② 永元四年(92年),何熙遣庞雄等率步骑万六千人攻虎泽。单于惶怖,遣左奥鞬日逐王乞降,"单于脱帽徒跣,面缚稽颡,纳质"。③ 单于纳质与面缚稽颡同为臣服的象征。永元六年(94年)秋,班超遂发龟兹、鄯善等八国兵合七万人,及吏士贾客千四百人讨焉耆。兵到尉犁界,焉耆王广遣其左将北鞬支奉牛、酒迎超。班超诘鞬支曰:"汝虽匈奴侍子,而今秉国之权。都护自来,王不以时迎,皆汝罪也。"④从中可以看出,匈奴侍子在焉耆竟然能秉国之权,可见其非一般的人质可比,是匈奴对焉耆进行控制的一种手段。于是班超斩焉耆、尉黎二王首,传送京师,县蛮夷邸。班超立焉耆左候元孟为王,尉黎、危须、山国等国都改立其王。班超出使鄯善,杀掉匈奴使者后,鄯善一国震怖。加之班超进行抚慰,"遂纳子为质"。⑤ 至永元六年七月,"西域都护班超大破焉耆、尉犁,斩其王。自是西域降服,纳质者五十余国"。⑥ 班超治理西域期间,除了索取西域的质子外,还采用劫质的手段来加强汉对西域的统治。亲匈奴的龟兹王建攻破疏勒后,杀其王,改立龟兹人兜题为疏勒王,班超到达后,乘其不备,"遂前劫缚兜题",扶植亲汉的政权。⑦

李恂使持节领西域副校尉期间,"西域殷富,多珍宝,诸国侍子及督使贾胡数遗恂奴婢、宛马、金银、香罽之属,一无所受"。⑧看来西域诸国

---

① 《后汉书》卷八十八《西域传》,第2929页。
② 《后汉书》卷四《和帝纪》,第179页。
③ 《后汉书》卷四十七《班超传》,第1593页。
④ 同上,第1581页。
⑤ 《后汉书》卷四十七《班超传》,第1573页。
⑥ 《后汉书》卷四《和帝纪》,第179页。
⑦ 《后汉书》卷四十七《班超传》,第1575页。
⑧ 《后汉书》卷五十一《李恂传》,第1683页。

侍子还是有较大自由的,可以向东汉官吏行贿。对于东汉将领来说,驻守西域不如在京师安逸。李邑出使西域曾诋毁班超,皇帝知道班超忠诚,令李邑受班超调度。班超随即"遣邑将乌孙侍子还京师",班超回答别人的质疑时说:"以邑毁超,故今遣之。内省不疚,何恤人言!快意留之,非忠臣也。"①

至安帝时,西域再次背畔,直到顺帝时期才开始对西域恢复统治。永建二年(127年),班勇与敦煌太守张朗击破焉耆,"元孟乃遣子诣阙贡献"。②元孟遣子于汉,兼有入侍和朝贡的双重含义。永建五年(130年)春正月,"疏勒王遣侍子,及大宛、莎车王皆奉使贡献"。永建六年九月,护乌桓校尉耿晔遣兵击破鲜卑,"于窴王遣侍子贡献"。③永建六年十二月,"于窴王遣侍子诣阙贡献"。于窴王在一年内两次遣侍子贡献,这里的遣侍子贡献是否与纳质同义尚需考证,但朝贡与人质制度有密切联系则是可以肯定的。

桓帝永兴元年(153年),车师后部王阿罗多反畔,敦煌太守宋亮"上立后部故王军就质子卑君为后部王"。后阿罗多从匈奴归还,与卑君争国,颇得民心。戊校尉阎详恐怕他招引北虏,将乱西域。于是"收夺所赐卑君印绶,更立阿罗多为王,仍将卑君还敦煌,以后部人三百帐别属役之,食其税"。④

灵帝熹平四年(175年),于窴王安国攻拘弥,大破之,杀其王,死者甚众。"戊己校尉、西域长史各发兵辅立拘弥侍子定兴为王"。⑤拘弥为西域小国,东汉利用其侍子来控制西域内政,建立亲汉政权。由上不难看出,西域的遣质内附是以东汉国力的强大为保证的,每一次对西域的索取人质和政治控制,无不是通过军事手段达到的。下表4反映了西域向东汉遣质的情况。

---

① 《后汉书》卷四十七《班超传》,第1579页。
② 《后汉书》卷八十八《西域传》,第2928页。
③ 《后汉书》卷六《顺帝纪》,第258页。
④ 《后汉书》卷八十八《西域传》,第2931页。
⑤ 同上,第2914页。

表 4 西域向东汉遣质情况

时 间	被要挟或出质方	人质及其身份	控制人质方	目的	手段	出 处
建武二十一年(45)冬	鄯善王、车师王等十六国	遣子	东汉	奉献,愿请都护	入侍	《后汉书·光武帝纪第一上》
建武二十一年(46)	鄯善、焉耆、车师等十六国	遣子	东汉光武帝	愿请都护	再次入侍	《后汉书·光武帝纪第一上》
永平十六年(73)	于阗	遣子	东汉明帝	归附	入侍	《后汉书·西域传》
永平十六(73)年	鄯善王广	纳子为质	东汉班超	臣服	遣质	《后汉书·班超传》
永平十七年(74)冬	乌孙	侍子	东汉明帝	归附	入侍	《后汉书·耿弇列传》
章帝建初年间	乌孙	侍子	东汉章帝	臣服	李邑带侍子还京师	《后汉书·班超传》
永元二年(90)五月	车师前后王	遣子	东汉和帝	臣服	入侍	《后汉书·和帝纪》
永元三年(91)	龟兹	龟兹王尤利多	东汉和帝	臣服	胁质	《后汉书·班梁列传》
永元六年七月	焉耆、尉犁等五十余国	遣子	东汉和帝	降服	纳质	《后汉书》卷四《和帝纪》《后汉书·西域传》)
永元年间	焉耆	元孟	东汉和帝	臣服	质子	《后汉书·班梁列传》
永元年间	龟兹	侍子白霸	东汉和帝	臣服	质子	《后汉书·班梁列传》
延光年间	车师后部	质子在敦煌	东汉安帝	臣服	遣质	《资治通鉴·汉纪四十五》
永建五年(130年)春正月	疏勒王	遣子	东汉顺帝	臣服	侍子	《后汉书·孝顺帝纪》
永建六年(131)九月丁酉	于阗王	遣子	东汉顺帝	贡献	侍子	《后汉书·孝顺帝纪》
永建六年十二月	于阗王	遣子	东汉顺帝	贡献	侍子	《后汉书·孝顺帝纪》
永建六年	于阗王放前	侍子	东汉顺帝	臣服奉献	遣质	《后汉书·西域传》
永兴年间	车师后部	质子卑君在汉	东汉桓帝	臣服	侍子	《后汉书·西域传》
熹平年间	杅弥	质子定兴侍汉	东汉灵帝	臣服	侍子	《后汉书·西域传》

三、汉与越族、乌桓、鲜卑、羌胡等族的人质关系

西汉与东南的少数民族同样存在人质关系,建元三年(公元前138年),闽越举兵围东瓯,东瓯告急于汉。三年后,闽越又兴兵击南越。淮南王安上书谏"存其亡国,建其王侯,以为畜越,此必委质为藩臣,世共贡职"。① 为了控制南越,"天子使严助往谕意",南粤王胡"遣太子婴齐入宿卫"。此处"入宿卫"等同入侍。后来南越王胡称病,竟不入见。"后十余岁,胡实病甚,太子婴齐请归。胡薨,谥曰文王"。婴齐即位后,"汉数使使者风谕",婴齐"固称病,遂不入见。遣子次公入宿卫"。②婴齐薨,被谥为明王。依颜师古解释,"风"是"讽谕令入朝"之意。可见无论是南粤王胡还是即位的太子婴齐遣质,都是中央王朝的意愿。汉廷的本意是越王亲自到京师当人质,但南越为了保持政权的半独立状态,仅遣送太子为人质。"入宿卫"同"入侍"一样,未必一定从事宿卫的职事,都是去充当人质。讽令入朝是控制附属国的最理想方式,汉朝对西南夷也采用了类似的外交策略,"使王然于以粤破及诛南夷兵威风谕滇王入朝"。③

乌桓、鲜卑是北方重要的少数民族,同两汉的人质关系也是两汉民族管理的重要内容。王莽篡位后,欲击匈奴,他使东域将严尤领乌桓、丁令兵屯代郡,"皆质其妻子于郡县"。乌桓亡叛,还为抄盗。"而诸郡尽杀其质,由是结怨于莽。匈奴因诱其豪帅以为吏,余者皆羁縻属之"。④ 王莽尽管也使用人质手段,但却没有达到任何效果,反失去民心,少数民族纷纷叛离。光武帝末年,乌桓表示"愿留宿卫",汉就封其渠帅为侯王君长者81人,允许他们入居塞内,布于缘边,"令招来种人,给其衣食,遂为汉侦候,助击匈奴、鲜卑"。⑤ 光武帝还采纳班彪的建议,重置乌桓校尉:"始复置校尉于上谷宁城,开营府,并领鲜卑,赏赐质子,

---

① 《汉书》卷六十四上《严助传》,第2782页。
② 《汉书》卷九十五《南粤传》,第3854页。
③ 《汉书》卷九十五《西南夷传》,第3842页。
④ 《后汉书》卷九十《乌桓鲜卑列传》,第2981页。
⑤ 《后汉书》卷九十《乌桓传》,第2982页。

岁时互市焉。"①乌桓校尉不仅掌管赏赐质子事物，还管理互市贸易。安帝永初中，"邓太后赐燕荔阳王印绶，赤车参驾，令止乌桓校尉所居宁城下，通胡市，因筑南北两部质馆。鲜卑邑落百二十部，各遣入质。是后或降或畔，与匈奴、乌桓更相攻击"。② 东汉筑质馆安置鲜卑人质，可见人质数量之多，但这并不能保证绝对地服从，《三国志》也有记载。

西北诸羌同样是两汉时期重要的少数民族，元康三年（公元前63年），先零"与诸羌种豪二百余人解仇交质盟诅"。③ 汉武帝听说后问赵充国，充国对曰："羌人所以易制者，以其种自有豪，数相攻击，势不一也。"现在之所以联合，恐怕是匈奴遣使至羌中，"且复结联他种，宜及未然为之备 。赵充国从先零与诸羌交质盟诅推测他们要与匈奴联合，的确是有道理的。开豪靡当儿曾派他的弟弟雕库来告诉都尉说先零欲反，后数日果反。雕库种人有不少在先零，都尉"即留雕库为质"。充国把雕库遣归，转告种豪汉朝"犯法者能相捕斩，除罪"的政策。④ 章和二年（88年），护羌校尉张纡诱诛烧当种羌迷吾等，诸羌大怒，准备兴兵复仇。公卿推举邓训代张纡为校尉。诸羌激愤，"遂相与解仇结婚，交质盟诅，众四万余人，期冰合渡河攻训"。"解仇结婚，交质盟诅"是诸羌结盟的一种重要手段。诸羌欲要挟月氏胡攻汉，邓训"悉驱群胡妻子内之，严兵守卫"。羌掠无所得，又不敢逼诸胡，因即解去。邓训把群胡家属以保护的名义集中起来，一方面免受诸羌攻击，另一方面也是把诸胡的家属作为人质。邓训恩威并用，"烧当豪帅东号稽颡归死，余皆款塞纳质。于是绥接归附，威信大行"。⑤ 款塞纳质是臣服的标志，对少数民族，往往用战争和恩抚两种手段并用。

顺帝永建四年（129年），"马贤以犀苦兄弟数背叛，因系质于令居。其冬，贤坐征免，右扶风韩皓代为校尉。明年，犀苦诣皓，自言求归故

---

① 《后汉书》卷九十《乌桓鲜卑列传》，第2982页。
② 同上，第2986页。
③ 《汉书》卷六十九《赵充国传》，第2972页。
④ 同上，第2977页。
⑤ 见《后汉书》卷十六《邓禹附子训传》，第611页。对诸羌结盟一事，《后汉书》卷八十七《西羌传》也有记载，"迷吾子迷唐及其种人向塞号哭，与烧何、当煎、当阗等相结，以子女及金银娉纳诸种，解仇交质，将五千人寇陇西塞"。但时间却系于章和元年。

地。皓复不遣,因转湟中屯田,置两河间,以逼群羌"。① 马贤和韩皓都是用用人质的手段防止犀苦兄弟背叛,与羌人关系紧张。直到张掖太守马续代为校尉,才用恩信的方式与羌人缓和矛盾。

在东北也有羌族,桓帝时擢种暠为度辽将军。种暠到营所,"先宣恩信,诱降诸胡,其有不服,然后加讨。羌虏先时有生见获质于郡县者,悉遣还之。诚心怀抚,信赏分明,由是羌胡、龟兹、莎车、乌孙等皆来顺服"。②在种暠之前,郡县为了控制羌人,往往采取人质手段。种暠释放人质,是采取恩信的措施,使羌胡及少数民族顺服。

关于东汉与西南少数民族的人质关系,明帝永平十七年(74年),"西南夷哀牢、儋耳……诸种,前后慕义贡献;西域诸国遣子入侍"。③ 当年夏,公卿百官认为帝威德怀远,祥物显应,乃并集朝堂,奉觞上寿。命太常择吉日策告宗庙。并颁赐天下。明帝时期,少数民族遣子入侍者众多,东汉君臣把这看做是皇权有威德,远人慕化的一个标志。因此,遣子入侍不仅具有外交上的意义,也具有重要的政治伦理意义。少数民族政权之间也有人质关系,比如西域小国向匈奴遣送人质,但这种情况比起汉族中央政权与周边少数民族的人质关系来说不占主流。

第三节 两汉的内政人质制度

一、部下对上级的人质

王莽篡位后,拜将军九人,皆以虎为号,称之为"九虎","将北军精兵数万人东,内其妻子宫中以为质"。④ 王莽把将领的妻子留在宫中作为人质,是沿用先秦时的做法。

光武帝初年征部下人质,如耿弇"以父据上谷,本与彭宠同功,又兄

---

① 《后汉书》卷八十七《西羌传》,第2894页。
② 《后汉书》卷五十六《种暠传》,第1828页。
③ 《后汉书》卷二《孝明帝纪》,第121页。
④ 《汉书》卷九十九下《王莽传下》,第4188页。

弟无在京师者,自疑,不敢独进,上书求诣洛阳"。光武帝诏报曰:"将军出身举宗为国,所向陷敌,功效尤著,何嫌何疑,而欲求征?且与王常共屯涿郡,勉思方略。"这里的"求征"显然是请求入侍之意。因此,"况闻弇求征,亦不自安,遣舒弟国入侍。帝善之,进封况为隃麋侯"。光武帝对部下入侍的行为是鼓励的。耿国"建武四年初入侍,光武拜为黄门侍郎",①建武七年拜驸马都尉。主动请求入侍表示臣下对上级的忠信,入侍者受到重用,至迟光武帝时已有。

王遵本是隗嚣的部将,被来歙招降后,"乃与家属东诣京师,拜为太中大夫,封向义侯"。②王遵带家属到京师,其实也有入侍之意。入侍的人质被委以官职受到重用,为隐性人质。

耿恭为戊己校尉时,"移檄乌孙,示汉威德,大昆弥以下皆欢喜,遣使献名马,及奉宣帝时所赐公主博具,愿遣子入侍。恭乃发使赍金帛,迎其侍子"。③乌孙遣子入侍,继承了西汉时期的臣服政策,耿恭以礼迎接侍子,实为羁縻之道的延续。

除了部下对上级遣质的情况外,也有军阀间遣质的情况,介于外交人质和内政人质之间。一般为弱势的一方向强势的一方出质,由于是在国家统一过程中出现的,在此权归入内政上的人质。如建武元年(25年)十二月,"西州大将军隗嚣遣子恂入侍"。④建武五年,光武帝复遣来歙说嚣遣子入侍,"嚣闻刘永、鼓宠皆已破灭,乃遣长子恂随歙诣阙。以为胡骑校尉,封镌羌侯"。但在部将王元的劝说下,隗嚣"虽遣子入质,犹负其险厄,欲专方面",表明人质手段并非万全之策。建武六年,关东悉平。光武帝认为嚣子内侍,公孙述远据边陲,便对诸将说:"且当置此两子于度外耳。"于是"数腾书陇、蜀,告示祸福"。⑤

人质的遣送并非一帆风顺,光武帝平定山东后,欲西收隗嚣之兵共同伐蜀。派来歙前去劝说,隗嚣犹豫不决。来歙指责隗嚣曰:"足下推忠诚,遣伯春委质,是臣主之交信也。今反欲用佞惑之言,为族灭之计,叛主负子,违背忠信乎?"并想刺杀隗嚣。隗嚣欲杀来歙却被部将王遵

---

① 《后汉书》卷十九《耿弇列传》,第715页。
② 《后汉书》卷十三《隗嚣传》,第528页。
③ 《后汉书》卷十九《耿弇传附国弟子恭传》,第720页。
④ 《后汉书》卷一上《光武帝纪上》,第40页。
⑤ 《后汉书》卷十三《隗嚣传》,第526页。

劝止:"今将军遣子质汉,内怀它志,名器逆矣;外人有议欲谋汉使,轻怨祸矣。……小国犹不可辱,况于万乘之主,重以伯春之命哉!"①在古代,人质确是定"臣主之交"的标志,但事实上,隗嚣与光武帝之间没有达成互信。军阀之争,强者胜。隗嚣面对来歙的挑衅,不杀来歙,一方面是顾及到人质;另一方面也显示出他是犹豫无能之辈,受到部将王遵的出卖而不觉。

二、从"任子"到人质

任子制实际上是二千石以上官吏即指中上层的官僚们在任满一定年限可以保举子弟一人到京师做郎官的制度,"任子令者,《汉仪注》吏二千石以上视事满三年,得任同产若子一人为郎"(《汉书·哀帝纪》注引应劭曰)。而马端临《文献通考》载其父马廷鸾的说法是:"汉二千石任职二年得任其子若同产。"(《文献通考·选举七》)西汉的任子始于文帝年间。根据李书兰对《汉书》等书记载的不完全统计,二千石以上官吏任子有数字可查的约有 36 人。从被任关系看,父任 31 人,兄任 3 人,宗家任 2 人。从所任官职看,郎官 18 人,侍中、诸曹 9 人,太子属官 6 人,其他官职 3 人。从被任人数看,任一人者 22 人,任二人、三人、九人者各 1 人。这些数字虽然不尽精确,但也能反映出西汉任子制度的大体情况。②其中主要是父任。如武帝时张汤为御史大夫,其子张安世以父任为郎。昭帝时刘德为青州刺史、宗正等职,刘向以父任为辇郎。韦贤为光禄大夫詹事、大鸿胪等职,韦玄成以父任为郎。元帝时陈万年官至御史大夫,陈咸以父任为郎等。其次是兄任,如爰盎即是。此外,由于封建宗法关系的存在,也有以宗族身份而被任者,文帝时周阳由即以"宗家"任为郎。它是一种按门荫入仕的制度,是中上层官僚的封建政治特权之一。杨广伟认为,"任子"制的实行是官场腐败的表现,"不仅激化了统治阶级和劳动人民的矛盾,而且由于大官们的子弟世袭为官,子子孙孙世代相传,自然形成了门第高贵的豪门望族"。③《汉书》关

---

① 《后汉书》卷十五《来歙传》,第 586 页。
② 李书兰:《汉代的任子制度》,《北京师范大学学报》(社会科学版)1983 年第 6 期。
③ 杨广伟:《汉代"任子"制小考》,《复旦学报》(社会科学版)1979 年第 6 期。

于"任子"的记载不胜枚举。如张安世"少以父任为郎",肖育"以父任为太子庶子",韦玄成"以父任为郎";而汲黯以父任为太子洗马。苏武"少以父任,兄弟并为郎"。①

廖晓晴认为,"任子"是两汉选举制度中的一种补充形式,并非经常性的正规的选举制度。任子官职都具有以下两个特点:第一,随从皇帝或太子左右;第二,它们的职位不高,但由于这类官职是皇帝或太子的侍从官,最容易为皇帝所提拔。②

东汉初年,沿袭了西汉任子制度。如光武帝时公孙述、马廖、耿秉、宋均、桓郁等都以父任为郎。明帝时对桓郁的父亲桓荣尊以师礼,甚见亲重,拜他的两个儿子为郎。又以原河内太守宋均之子宋条为太子舍人。明帝、章帝时人桓焉、袁敞以父任分别为郎和太子舍人等。李书兰认为这些史实就是东汉初年推行任子制度的有力证据。东汉中期,任子制又有了新发展。安帝建光元年(121年)二月下令:"以公、卿、校尉、尚书子弟一人为郎、舍人(即太子舍人)。"(《后汉书·安帝纪》)这条法令是东汉任子制度发展的重要标志。表明官僚任子的范围比西汉扩大了。到了东汉末年,外戚、宦官专权,他们为了扩大自己的势力,更大量保举子弟及其亲信充塞官位。如桓帝时"宦官方炽,任人及子弟为官,布满天下,竞为贪淫,朝野嗟怨"。(《后汉书·扬秉传》)他们早已超过任子制度的规定,而滥任人了。③

任子在皇帝左右,一方面可以作为皇帝的亲信,另一方面也便于皇帝控制任子的家族。一旦任子的家族作乱,任子便成为人质,特别是在汉末三国这样一个乱世表现得更为明显。于是任子便有了人质的意义,可惜现有研究成果在对任子制度进行探讨的时候,多忽略了任子作为潜在人质的这个特点。当然,入侍者未必都是人质,也可以是皇帝的幸臣,如东汉敬王睦少好学,博通书传,受到光武喜爱,"显宗之在东宫,尤见幸待,入侍讽诵,出则执辔"。④

杨联陞认为"任子"意即"以子为保证",乃官员有权向政府推举他

---

① 《汉书》卷五十四《苏建传附子武传》,第2459页。
② 廖晓晴:《两汉"任子"问题之探讨》,《辽宁大学学报》1983年第5期。
③ 李书兰:《汉代的任子制度》,《北京师范大学学报》(社会科学版)1983年第6期。
④ 《后汉书》卷十四《敬王睦传》,第556页。

们的儿子之意。大多数的情形是被推举之官员诸子皆任命为"郎",这和外族质子被任命为宫廷卫士非常相似。"在 3 世纪时,质子和任子的意义已经融合了,此可由'质任'这个复合词得到证明"。指出任子具有人质之意是杨先生眼光独到的地方,然而他并没有对此作进一步的论证。本书在第三章第二节对任子向人质的转变亦有论述,可参考。

除任子外,官府对百姓的连坐制度也属于两汉的内政人质。连坐制度下的拘质也是人质制度的一种,西汉鸿嘉四年(公元前 17 年)春正月,成帝在诏书中提到:"数敕有司,务行宽大,而禁苛暴,讫今不改。一人有辜,举宗拘系,农民失业,怨恨者众,……朕甚痛焉。"①从成帝的诏书看,当时地方官对百姓采取"一人有辜,举宗拘系"的连坐制度,皇帝三令五申也不能禁止。平帝时期也存在对百姓的连坐,皇帝在元始四年(4 年)的诏书中说:"惟苛暴吏多拘系犯法者亲属,妇女老弱,构怨伤化,百姓苦之。"②

第四节　两汉人质的身份与待遇

要充当人质,必须有可利用的价值才行,王圣宝认为,人质价值由人的生物价值和社会价值构成,并称之为"人质期望值"。③ 人质作为控制的一种手段,必须有特定的人充当人质才能发挥作用,因此,人质的身份一般不是随意的,其在出质方的地位一般比较重要。

一、人质的身份

(一) 继承人或其他亲属

充当人质的大多是亲属,或者是出质者的儿子,或者是出质者的妻子等亲属。质子的身份与王位继承制度是密切联系的,按照少数民族政权父死子继或兄终弟及的继承制度,其质子首选儿子或弟弟,因为他

---

① 《汉书》卷十《成帝纪》,第 318 页。
② 《汉书》卷十二《平帝纪》,第 356 页。
③ 王圣宝:《说人质》,《安徽史学》1993 年第 1 期。

们是未来的王位继承人,最能够对人质所在国产生重大影响。西汉初年,楼兰曾"遣一子质匈奴,一子质汉"。

西汉至王莽末,匈奴先后遣质12次,其中大多数是在位单于的儿子。东汉时期,匈奴也多次遣送人质,建武二十六年(50年),"单于遣子入侍,奉奏诣阙"。后来"单于岁尽辄遣使奉奏,送侍子入朝"。同年秋,西域大宛、乌孙、莎车、康居、危须、尉犁诸国也向西汉王朝遣子入侍。东汉永平十六年(73年),"于阗诸国皆遣子入侍"。

以兄弟当人质的情况,如神爵四年(公元前58年)五月,"匈奴单于遣弟呼留若王胜之来朝"。① 五凤四年(公元前54年),"匈奴单于称臣,遣弟谷鑫王入侍。"②东汉和帝时,窦宪出兵击匈奴,北匈奴"乃遣弟右温禺鞮王奉贡入侍"。③

以妻子为人质的情况也有,元寿二年(公元前1年),匈奴单于来朝,原质子稽留昆随单于回国,"复遣稽留昆同母兄右大且方与妇入侍。还归,复遣且方同母兄左日逐王都与妇入侍"。④ 此外,车师王乌贵,其妻子早于他被送到汉为质,后来他也被送到汉,并赐第与其妻子居住。夫妻同入侍,比成家的质子单身入侍更加人性化,尽管受到一定程度上的监视,他们能够过着正常的家庭生活。

(二) 其他

有些少数民族政权的首领也可能被充当人质。元康四年(公元前62年),"汉使侍郎殷广德责乌孙,求车师王乌(孙)贵,将诣阙,赐第与其妻子居"。⑤ 东汉时期,不断受到羌乱的困扰,"马贤以犀苦兄弟数背叛,因系质于令居"。⑥"建安中,呼厨泉南单于入朝,(曹操)遂留内侍,使右贤王抚其国"。⑦ 以少数民族首领本人为质的情况并不多见,此种事例表明汉代对少数民族控制程度的加强。

班超攻打焉耆时,"焉耆左侯元孟先尝质京师",由此可见,人质的

---

① 《汉书》卷八《宣帝纪》,第264页。
② 同上,第268页。
③ 《后汉书》卷二十三《窦宪列传》,第817页。
④ 《汉书》卷九十四下《匈奴传下》,第3818页。
⑤ 《汉书》卷九十六下《车师后国传》,第3924页。
⑥ 《后汉书》卷八十七《西羌传》,第2894页。
⑦ 《三国志》卷三十《魏书·乌丸传》,第831页。

身份也可以是大臣。班超杀掉焉耆王广等人后,更立元孟为焉耆王。超留焉耆半岁,慰抚之,"于是西域五十余国悉皆纳质内属焉"。① 班超以曾到汉朝身为大臣的焉耆国人质元孟为国王,目的是为了建立亲汉政权,加强对焉耆的控制。

二、人质的待遇

1. 受汉朝法律约束,自由受到限制

质子在汉代受到汉朝法律的约束,犯法要受到惩罚。征和元年,楼兰王死,"国人来请质子在汉者,欲立之。质子常坐汉法,下蚕室宫刑,故不遣"。② 宫刑是相当重的刑罚,楼兰质子并没有受到特别的豁免,甚至因为违反汉法被剥夺了继承王位的机会。东汉时期,"车师王侍子为董卓所爱,数犯法,(赵)谦收杀之"。③ 车师王侍子被杀一事也证明,外交侍子的地位还是比较高的,能够与权臣勾结,多行不法之事,但无论怎样,他们是受汉朝法律约束的。入侍于汉的各国质子,必须"遵守汉朝法律,而且没有外交豁免权"。④

侍子虽有较大自由,但仍然受到限制,未经朝廷许可,质子不能擅自归返。天凤元年,王莽"贺单于初立,赐黄金衣被缯帛,绐言侍子登在",因购求西汉叛将陈良、终带等,单于按照要求皆械槛付使者。单于使者返还才知侍子登此前已死,匈奴于是"怨恨,寇房从左地入,不绝"。⑤ 单于遣送叛将,不仅是贪求财货,也是为了使侍子回国。侍子登是被王莽杀害的,从这个例子也可以看出,质子死亡后其国家尚不得知,质子不仅自由得不到保障,连生命都是无法保证。此外汉成帝时期,乌孙小昆弥末振将恐为大昆弥所并,派人诈降刺杀雌栗靡。汉难以兴兵征讨,遣中郎将段会宗与都护谋划,重立大昆弥,并"没入小昆弥侍子在京师

---

① 《后汉书》卷四十七《班超传》,第1582页。
② 《汉书》卷九十六上《西域传上》,第3877页。
③ 《后汉书》卷二十七《赵典列传》,第949页。
④ 林梅村:《古道西风——考古新发现所见中西文化交流》,生活·读书·新知三联书店2000年版,第173页。
⑤ 《汉书》九十四下《匈奴传下》,第3827页。

者"。① 小昆弥如果完全顺从汉朝,安分守己,其侍子肯定会有更大的自由,但他撇开汉朝擅自行动,其在汉朝京师的侍子也受到牵连。

2. 质子参加礼仪活动

遇有少数民族重要首领入觐,汉廷或组织在京质子列队迎接,宴饮作乐。甘露三年(公元前51年),匈奴呼韩邪单于入觐于长安。宣帝待之以殊礼,"其左右当户之群臣皆得列观,及诸蛮夷君长王侯数万,咸迎于渭桥下,夹道陈"。夹道迎接的少数民族首领竟达数万人之多。方铁认为,除有一些是赴京入觐、朝贡及留居的首领以外,亦应有一部分是入侍京师的质子。② 这种看法是有道理的。

汉安二年(143年),曾在京师的南匈奴首领兜楼储为呼兰若尸逐就单于,顺帝遣行中郎将持节护送单于归庭。"诏太常、大鸿胪与诸国侍子于(洛阳)广阳城门外祖会,飨赐作乐,角抵百戏"。③ 祖会亦即祖道送行之礼,诸国侍子参加宴会和百戏表演,这些都表明侍子可以参加礼宾活动。

质子还可参加祭祀活动,《后汉书·礼仪志上》:"西都旧有上陵。东都之仪,百官、四姓亲家妇女、公主、诸王大夫、外国朝者侍子、郡国计吏会陵。"④东汉永平二年(59年)春正月,"宗祀光武皇帝于明堂,帝及公卿列侯始服冠冕、衣裳、玉佩、绚屦以行事"。礼毕,登灵台。"群僚藩辅,宗室子孙,众郡奉计,百蛮贡职,乌桓、濊貊咸来助祭,单于侍子、骨都侯亦皆陪位"。⑤ 表明属国质子具有较高的政治地位,因而可以参加东汉祭祀等大型礼仪活动。

3. 享受礼遇

初元四年(公元前45年),郅支单于遣使奉献,因求侍子,愿为内附。汉议遣卫司马谷吉送之。御史大夫贡禹、博士匡衡以为宜令使者送其子至塞而还。吉上书言:"中国与夷狄有羁縻不绝之义,今既养全其子十年,德泽甚厚,空绝而不送,近从塞还,示弃捐不畜,使无乡从之心,弃前恩,立后怨,不便。"⑥元帝从之,既至,郅支单于怒,竟杀吉等。

---

① 《汉书》九十六下《西域传下》,第3909页。
② 方铁:《汉唐王朝的纳质制度》,载于《思想战线》1991年第2期。
③ 《后汉书》卷八十九《南匈奴传》,第2963页。
④ 《后汉书》卷九十四《礼仪志上》,第3103页。
⑤ 《后汉书》卷二《孝明帝纪》,第100页。
⑥ 《汉书》卷七十《陈汤传》,第3008页。

质子享受这种优待,单于仍然骄慢,表明优待侍子的怀柔政策必须有武力做后盾才行。

人质的待遇方面,有些侍子也可能会成为宠臣。如字产信,初平二年(191年),赵谦为司隶校尉,"车师王侍子为董卓所爱,数犯法,谦收杀之。卓大怒,杀都官从事,而素敬惮谦,故不加罪"。①车师王侍子能够横行不法,是由于受到董卓的崇信,其在汉朝的地位还是比较高的。

4. 质子的遣还和轮替

质子的归宿各有不同,有主动遣回的,有逃归的,也有客死宗主国的。方铁认为,汉、唐受、释质子的情况大致有三。其一为随藩属或君王嗣继而纳质。即藩属关系建立之初和藩属民族王位承袭既毕,在位君王当遣亲子入侍。如南越王胡继位遣子婴齐入侍,婴齐返回承袭为王,又遣子次公入侍。据《汉书·匈奴传》,从五凤四年(公元前54年)匈奴称臣至建国元年(9年)汉、匈失和,匈奴有四位单于相继嗣位。每位单于即位之初,均遣子入侍。其二是随机纳、释。即少数民族的纳质和封建王朝的释质,有时是随机会而定。少数民族或有求于封建王朝,亦见随使遣质。在藩属民族君王入规或遣使朝贡时,也有朝廷留随行王子或朝贡使者为质者。在某些特殊情况下,亦见朝廷释质还归。如:天汉二年(公元前99年),武帝命开陵侯率兵击车师,"危须、尉犁、楼兰六国子弟在京师者皆先归,发畜食迎汉军。"其三是相替更换。即质子若获准得返,纳质民族或当续遣人质以为替补。如:西汉绥和二年(公元前7年),匈奴乌珠留单于遣子稽留昆入侍。元寿二年(公元前1年),单于来朝,哀帝遣稽留昆随之北归。单于至庭,复遣稽留昆同母兄方与妻入侍。后方还归,单于又遣方同母兄都与妻入侍。有时后遣质子既至,朝廷亦释前质以归。如东汉时,"(南)单于岁尽辄遣奉奏,送侍子入朝,中郎将从事一人将领诣阙。汉遣谒者送前侍子还单于庭,交会道路"。② 其实,并不是质子相替轮换,而是要保证匈奴在汉朝一直留有人质。

质子入侍的时限,短则数月、一年,长者或达十余年。若质子死于留质所在,有的被归尸以葬:绥和元年(公元前8年),匈奴乌珠留单于遣

---

① 《后汉书》卷二十七《赵典附兄子谦传》,第949页。
② 《后汉书》卷八十九《南匈奴列传》,第2944页。

子乌鞮牙斯侍汉。次年,"侍子死,归葬"。① 王莽时曾胁迫助、登入长安为质,"后助病死,莽以登代助为顺单于"。② 再如匈奴右骨都侯须卜当也是被王莽先诱呼后胁至长安,后来也病死了。是否被归尸礼葬不得而知。

三、人质的管理

1. 人质的安置地点

方铁认为,"人质留居之地方,汉代在边郡、都尉治,唐代在节度使治,均为封建王朝在边疆的地方高级军政机关治地。留质地方的质子,既有纳质民族大首领的亲子,亦有其族贵族的子弟"。其实在汉代的中央和地方均有安置人质的地方。

中央

早在战国时期就出现了拘押人质的制度,《墨子·旗帜篇》云:"凡守城之法,石有积,樵薪有积……井灶有处,重质有居。"③"重质"即国家重要将吏的妻子等亲属,城中"令勿得擅出入,连质之"。《墨子·号令篇》:"守楼临质宫而善周,必密涂楼,令下无见上,上见下,下无知上有人无人"。毕沅注:"质宫,言质人妻子之处。"④可见质宫是战争时期用来拘押重要将吏家属的场所。质宫制度有明确的拘押对象,有严格的建造规定,有严密的防范措施,有专门的饮食制度和居住条件,有人质的行为规范及质宫中奖惩制度。⑤

《墨子》中又称"质宫"为"葆宫","葆宫之墙必三重",而且墙上用瓦覆盖,里门关闭,必须有太守的允许才能通行,选择忠信可靠之人担任葆宫的卫卒,可见人质处于严密的监视之下。质子或人质也相应地被称为"葆子"。但人质毕竟不同于犯人,其在质宫内受到的待遇很好。

---

① 《汉书》卷九十四下《匈奴传下》,第3810页。
② 同上,第3826页。
③ [清]孙诒让撰;孙启治点校:《墨子间诂》卷十四《旗帜第六十九》,中华书局2001年版,第581页。
④ 《墨子间诂》卷十五《号令第七十》,第606～607页。
⑤ 孙瑞:《试论战国时期的质宫制度》,《吉林大学社会科学学报》1996年第5期。

因此从某种角度来看,葆子享有部分的特权,在云梦县睡虎地出土的秦简中有关于葆子的记载。据高敏先生考证,秦代的葆子在法律上具有一定的特权,享有身死免予起诉和尚未判刑而又犯有诬告罪时可以减刑等优待。并认同《睡虎地秦墓竹简》整理小组葆子即任子的观点。① 秦代既然有葆子,其必来源于战国,并具有人质的意义。学者们固然看到了葆子享有特权的一面,却忽视了其作为隐性人质的一面。《睡虎地秦墓竹简·司空律》规定:"葆子以居赎刑以上到赎死,居于官府,皆勿将司。"② 其中"居于官府"应是居住在官府类似质宫的建筑物内,并受到监视。在居延汉简中,关于葆宫记载的竹简有九枚,简上有"收葆男子"、"为妻子葆处居"等内容,陈直根据汉简记载指出,葆宫皆军士家属之居所,汉代戍所吏卒,亦用质保制度。具体说来,"汉吏卒妻子有居葆宫岁月既久者,其子又承袭为戍卒,此等兵士,虽分属各县,在名籍上加葆字以别之"。从各简显示的葆子籍贯来看,葆宫之设不止一处,与《墨子》记载相合。③ 从正史文献来看,汉武帝开始设有葆宫。师古曰:"《百官公卿表》云少府属官有居室,武帝太初元年更名葆宫。"李陵始降时,"老母系保宫"。④ 保宫是关押人质的地方,其前身是居室,武安曾"劾灌夫骂坐不敬,系居室"。⑤ 汉代的保宫虽然是关押人质的地方,但与先秦的保宫并不一样,先秦的保宫设置在各地,主要目的是控制军士的家属。而汉代的保宫隶属少府,只有一个,且并不是专门为人质而设的,如博士江公孙死,武帝"乃征周庆、丁姓待诏保宫,使卒授十人"。⑥ 杨联陞先生则据此认为:"保宫被用来作为具有崇高声望的学者居所的事实,显示已经不再作为拘禁人质之用。可能在武帝以后,国内人质的制度业已衰微。"⑦ 对于这种观点,笔者是不敢苟同的。我们从先秦的葆宫制度可以知道,质宫中人质的身份显然不同于犯人,他们除了受到监

---

① 高敏:《秦汉史论丛》,中州书画社1982年版,第276~277页。
② 睡虎地秦墓竹简整理小组编:《睡虎地秦墓竹简·司空律》释文,文物出版社1990年版,第51页。
③ 陈直:《居延汉简研究》,天津古籍出版社1986年版,第59~60页。
④ 《汉书》卷五十四《苏建传附子武传》,第2464页。
⑤ 《史记》卷一百零七《魏其武安侯列传》,第2850页。
⑥ 《汉书》卷八十八《儒林传·瑕丘江公传》,第3618页。
⑦ 杨联陞:《国史探微·国史上的人质》,新星出版社2005年版,第83页。

视,活动自由受到限制外,其生活待遇是很优厚的。汉代在某种程度上继承了先秦的传统,西汉保宫隶属于少府,其作为人质居留的地方,本身具有馆邸功能,当然可以作为招待客人的地方。周庆、丁姓两人被征后,只是"待诏保宫",由于远道而来暂居于此,至于他们后来讲授生徒的地点,未必就是在保宫。

到京师的少数民族人质一般被安置在蛮夷邸之中,当然,蛮夷邸起初并非为人质而设,而是为了适应对外关系设置的安置少数民族使者的居留地。后来人质也被安置于此,既然具有安置人质的功能,蛮夷邸就一定有严密的监控体系。

关于汉代蛮夷邸的记载有以下史料:

汉元帝建昭三年(前36),甘延寿和陈汤诛灭郅支,上疏:"斩郅支首及名王以下,宜县头槀街蛮夷邸间,以示万里,明犯强汉者,虽远必诛。"颜师古注曰:"槀街,街名,蛮夷邸在此街也。邸,若今鸿胪客馆也。""鸿胪客馆"在唐代是专门用来馆待四夷蕃客的,"蛮夷邸"的性质也即为馆待四夷蕃客的场所。

《汉书·王莽传下》记载:匈奴右骨都侯须卜当被胁迫至长安,大司马严尤谏曰:"当在匈奴右部,兵不侵边,单于动静,辄语中国,此方面之大助也。于今迎当置长安槀街,一胡人耳,不如在匈奴有益。"师古注:"槀街,蛮夷馆所在也,解在陈汤传。"

《后汉书·西域传》,被班超所斩的"焉耆、尉黎二王首,传送京师,县蛮夷邸"。

《汉书·王莽传中》记载:王莽派人"招诱单于弟咸、咸子登入塞,将登至长安,拜为顺单于,留邸"。此处之邸应为蛮夷邸。

总的看来,蛮夷邸主要用来馆待到京师的少数民族和外国使节,尽管并非专为人质而设,各国具有外交性质的质子也被安置其中。因此,蛮夷邸也是举行与侍子或藩国有关的礼仪活动、处罚违法藩王和侍子的地方。关于蛮夷邸的具体位置,据王静考证:"西汉应在长安城北出西头第一门横门之内,东汉可能位于出小苑门的街道上。"①

地方

边疆诸族纳遣的人质,除部分送至京城外,还有一些则留质于汉、唐

---

① 王静:《汉代蛮夷邸论考》,载于《史学月刊》2000年第3期。

在边疆统治机构的治所。建武二十一年(45年),车师等西域十八国遣质至洛阳,汉光武帝不受。车师等国遂改纳于敦煌郡治敦煌,建武二十二年(46),"鄯善、焉耆诸国侍子久留敦煌,愁思,皆亡归"。有学者认为,两汉西域质子与敦煌之间的关系非常密切,众多的西域质子经由敦煌而入内地,敦煌是名副其实的一个质子"中转站"。西域质子不仅要在敦煌住宿、补给,而且还要接受地方政府的相关检查。① 这种观点是正确的,但敦煌在汉与西域关系中所起到的作用远不止此,敦煌太守与军事机构的将领结合,可以操纵质子的命运。

建武二十五年(49年),辽西乌桓内属。司徒掾班彪言乌桓轻黠,久放纵必复掠边民,宜复置护乌桓校尉以附集之。光武帝从其言,复置护乌桓校尉于土谷宁城,"开营府,并领鲜卑赏赐、质子,岁时互市焉"。② 护乌桓校尉初置于武帝时,"秩二千石,拥节监领之,使(乌桓)不得与匈奴交通",后废。建武二十五年乃复置。乌桓校尉不仅掌管赏赐质子事务,还管理互市贸易。既将管理质子与鲜卑赏赐并列,所言质子应为鲜卑所纳,质子亦应被安置在护乌桓校尉治所上谷宁城。

桓帝永兴元年(153年),车师后部王阿罗多反畔,敦煌太守宋亮奏请立后部故王军就质子卑君为后部王。后阿罗多从匈奴归还,与卑君争国,颇得民心。戊校尉阎详又"收夺所赐卑君印绶,更立阿罗多为王,仍将卑君还敦煌,以后部人三百帐别属役之,食其税"。③ 当初以卑君为王是敦煌太守的建议,卑君被剥夺印绶后又被安置在敦煌,表明卑君作为人质一开始就被安置在敦煌。允许他有自己的属役,并且靠收取所领户众的租税生活,还是有一定的优待的,但这一切都操控在汉朝手中,戊校尉有管理西域质子、废立其王的权利。

东汉安帝时期,在"宁城筑南北两部质馆,鲜卑邑落百二十部,各遣入质"。"质馆"主要安置鲜卑邑落的人质。既然鲜卑邑落有一百多部,其遣送的人质也不在少数。

2. 人质的管理机构

---

① 陈金生:《两汉西域质子与敦煌的密切关系——兼谈质子与中西文化交流》,《敦煌学辑刊》2011年第1期。
② 《后汉书》卷九十《乌桓鲜卑列传》,第2982页。
③ 《后汉书》卷八十八《西域传》,第2931页。

负责外交人质的管理机构,汉初主要是典属国,后来并入大鸿胪。此外,尚书主客曹、两汉谒者、职掌与军事有关的车骑都尉、光禄大夫、卫司马以及缘边州郡的最高长官和军事将领都与人质的管理有关。

《汉书·百官公卿表》:"典属国,秦官,掌蛮夷降者。属官,九译令。成帝河平元年省并大鸿胪。"《后汉书·百官志》:"典属国别主四方夷狄朝贡侍子,成帝时省并大鸿胪。"《通典·职官典八·诸卿中·鸿胪卿》:"《周官》大行人,掌大宾客之礼。秦官有典客,掌诸侯及归义蛮夷。汉改为鸿胪。"由上述材料可以看出,周代的大行人管理对外族的关系,秦代是典客掌外交,从西汉初至成帝时,沿袭秦代制度,各族侍子皆由典属国负责。具体来说,汉初承秦设典客,景帝六年更名大行令,武帝太初元年改称大鸿胪,同时把鸿胪属官行人改称为大行令。成帝河平元年(公元前28年)典属国建制撤销之后,并于大鸿胪了。后来王莽把大鸿胪改称为典乐,东汉又恢复为大鸿胪,"后汉大鸿胪卿一人。诸王入朝,当郊迎,典其礼仪及郡国上计,余职与汉同。凡皇子拜王,赞授印绶。及拜诸侯、诸侯嗣子及四方夷狄封者,台下鸿胪召拜之。王薨,则使吊之及拜王嗣"。① 可见,汉代的大鸿胪掌管礼仪及册封诸侯、少数民族等事务,少数民族的质子具有外交的特点,自然也归其管辖。大鸿胪为诸卿之一,中二千石,属官主要有大行令、中兴省译官、别火二令、丞,及郡邸长、丞等。②

尚书主客曹是尚书中的一个分支部门,是汉代又一重要的专职外交管理机构。"成帝初置尚书四人,分为四曹:客曹尚书主外国夷狄事。世祖承遵,后分二千石曹,又分客曹为南主客曹、北主客曹"。③ 主客曹主要负责起草外交文书,以及收藏保管有关文书档案。尚书主客曹与大鸿胪之间是一种相互配合与协作的工作关系。④ 东汉时期,尚书台的地位日渐上升,不仅侵夺了三公的不少权力,也侵夺了九卿的许多权力。东汉末,客曹侵夺了大鸿胪的许多职事,已经不限于掌管文书,而且掌管具体的外交、民族事务。这样肯定会把职权延伸到质子朝贡领

---

① [唐]杜佑:《通典·职官典八·诸卿中·鸿胪卿》,中华书局1988年版,第723~724页。
② 《后汉书》卷一百一十五《百官志二》,第3583~3584页。
③ 《后汉书》卷一百一十八《百官志五》,第3629页。
④ 黎虎:《汉唐外交制度史》,兰州大学出版社1998年版,第78页。

域。但在史书中尚无明确记载。

两汉谒者也具有对人质辅助管理的功能。谒者在西汉为郎中令的属官，也是秦官，"掌宾赞受事，员七十人，秩比六百石，有仆射，秩比千石"。① 东汉时谒者"比四百石。本注曰：掌冠长冠。本员十六人，后减"。② 谒者在外交、民族事务中的工作主要是伴送质子："单于岁遣侍子来朝，谒者常送迎焉"。③ 迎送侍子是谒者的经常性任务。史载："单于岁尽辄遣奉奏，送侍子入朝⋯⋯汉遣谒者送前侍子还单于庭，交会道路。"④ 说明这种工作还是相当繁忙的。

《汉书》卷五十一《李恂传》载："西域殷富，多珍宝，诸国侍子及督使贾胡，数遗恂奴婢、宛马、金银、香罽之属，一无所受。"李恂时任谒者，使持节领西域副校尉，与诸国侍子关系密切，因而往往成为他们追逐拉拢的对象。

元帝初元二年（前47），汉遣卫司马谷吉送郅支质子。其后，"汉遣车骑都尉韩昌、光禄大夫张猛送呼韩邪单于侍子"。⑤ 汉宣帝元康年间，"汉使卫司马魏和意、副候任昌送乌孙侍子"。⑥ 可见车骑都尉、光禄大夫、卫司马都可以送侍子，人质关系到很多部门。

缘边州郡是中外接触和联系的第一道门户和必经之地，举凡外交往来均须通过这里或直接在这里进行。前述敦煌就是安置西域质子的一个地方，敦煌太守宋亮、戊校尉阎详能够左右侍子的命运。东北边郡的护乌桓校尉也应对人质具有管理鲜卑质子的职责，东汉安帝时在宁城设立的质馆应是归护乌桓校尉管理。

西汉武帝时，"自敦煌西至盐泽，往往起亭，而轮台、渠犁皆有田卒数百人，置使者校尉领护，以给使外国者"。⑦ 亭和田卒都是为外国使者服务的，其中也必然有遣往汉朝的侍子。

---

① 《汉书》卷十九上《百官公卿表上》，第727页。
② 《后汉书》卷一百一十八《百官志五》，第3629页。
③ 《后汉书》卷一百一十八《百官志五》注引应劭《汉官》，第3626页。
④ 《后汉书》卷八十九《南匈奴列传》，第2944页。
⑤ 《汉书》卷九十四下《匈奴传下》，第3801页。
⑥ 《汉书》卷九十六下《乌孙国传》，第3906页。
⑦ 《汉书》卷九十六上《西域传上》，第3873页。

东汉大鸿胪的主要职责仍是"掌诸侯及四方归义蛮夷"。① 大鸿胪主四方夷狄朝贡侍子,都表明对侍子有一定的礼节规定,包括迎接的礼节,赏赐的规格等等,在东汉的侍子地位有高低之分。

四、人质制度的作用及评价

(一)人质制度是政治控制的一种方式

外交上的入侍是羁縻政策的表现,而内政上的纳质也是加强中央控制的手段,目的都是为了政治控制。意大利人马基雅维里在其著作《君主论》"论君主应当怎样守信"一章中曾经提出:世界上有两种斗争方法:一种方法是运用法律,另一种方法是运用武力。第一种方法是属于人类特有的,而第二种方法则是属于野兽的。但是,因为前者常常有所不足,所以必须诉诸后者。人质制度其实是在武力为后盾的情况下实行的一种政治控制手段,它在一定程度上起到了法律的作用。

方铁认为,通过索受人质封建王朝对边疆少数民族能施行有效的羁縻,无疑是这一制度历久不衰的一个重要原因。毋庸讳言,纳质之制仍反映了封建社会中各民族之间事实上的不平等,具有一定的民族歧视和民族压迫的色彩。同时他又提出,纳质制度是封建王朝民族统治政策的一个部分,也是影响中国古代民族关系发展变化的重要因素,这一制度在客观上加强了边疆少数民族与内地封建王朝的联系,巩固了封建王朝对边疆的统治,也有利于内地民族与边疆各族之间经济、文化方面的交流。从这个意义上来说,兴盛于汉、唐两代的纳质制度,其积极作用方面应该肯定。需要指出的是,方铁的观点具有一定的道理,但遗憾的是仅用汉代和唐代的民族纳质情况是不能概括从汉代到唐代纳质制度的演变,这期间的纳质制度是有变化的,尤其是魏晋南北朝时期的纳质情况丝毫未有提及。况且,纳质制度不仅存在于宗主国和附属国之间,还存在于下级对上级的内政上,纳制与民族压迫无关。纳质制度之所以在汉、唐阶段盛行,正是基于人质这种政治控制的有效性。

(二)人质与其他外交手段的关系——朝贡、盟誓、和亲、册封、赏赐、战争

---

① 《后汉书》卷一百一十五《百官二》,第 3584 页。

朝贡也是两汉外交关系的一个重要范畴，西汉昭帝、宣帝之时，西域36国皆"修奉朝贡，各以其职"。①应是"朝贡"一词在正史中首次出现。李云泉认为，朝贡制度的建立，是汉、匈强弱易位在外交制度上的反映。呼韩邪单于降汉后被"待以不臣之礼"表明，汉朝统治者仍从传统的服事观出发，视匈奴为荒服，其地位也由汉初的"兄弟之国"降为"蕃臣"。②但他对朝贡与人质的关系论述不多，只是把纳质归入朝贡制度。甚至还有观点认为，质子制度是朝贡制度的组成部分，③其实这是不符合史实的。朝贡制度在汉代开始于汉昭帝时，而在此前的武帝时，就已经开始接纳西域质子了。也就是说，西汉外交入侍早于朝贡。朝贡和人质都是确立藩属关系的标志，它以强大国力作后盾，人质是宗主国的控制手段，朝贡是藩属国须尽的义务。两者又同宗主国的册封和赏赐结合起来，共同维系主从关系。

和亲也是重要的外交手段，起初为汉高祖刘邦遣刘敬向匈奴主动求和之举。《史记》卷一百一十《匈奴传》载，白登之围后，冒顿经常侵盗代地，"高帝乃使刘敬奉宗室女公主为单于阏氏，岁奉匈奴的絮缯酒米食物各有数，约为昆弟以和亲"。因此，西汉早期与匈奴的和亲政策其实是汉朝向匈奴作出的一种让步，是用地位尊贵的美女——公主，再加上丰厚的币帛财货来贿赂匈奴，满足匈奴首领的贪利虚荣之心。这种和亲政策只是暂时延缓了匈奴的侵略，根本不能保证彼此的互信。正如武帝时熟悉边事的王恢所言："汉与匈奴和亲，率不过数岁即背约。"④当汉武帝对匈奴采取打击的政策以后，双方互留人质成为外交的主题。直到元帝时期仍有与匈奴和亲之事，但汉朝已掌握的对匈奴控制的主动权，这种和亲基本上是应匈奴的要求，对匈奴采取的一种赏赐性质的羁縻政策。汉朝对匈奴的控制，主要是靠人质手段而非和亲。当然，和亲政策不仅存在于汉匈之间，还存在于汉与南越之间以及军阀与少数民族首领之间。

至于册封，是在对附属国达到一定程度上的控制以后采取的管理政

---

① 《汉书》卷一百下《叙传下》，第4268页。
② 李云泉：《汉唐中外朝贡制度述论》，《东方论坛》2002年第6期。
③ 张胡玲：《两汉质子制度的时代特色》，《华夏文化》2009年第2期。
④ 《汉书》卷五十二《韩安国传》，第2398页。

策。两汉时期,对处于边疆的各少数民族上层广泛进行了册封,是汉代羁縻政策的一个部分。① 汉代的册封主要表现在对少数民族政权的上层委以官职,配以印绶,在汉对西域的外交控制中表现得最为突出。西汉末年,西域"凡国五十。自译长、城长、君、监、吏、大禄、百长、千长、都尉、且渠、当户、将、相至侯、王,皆佩汉印绶,凡三百七十六人"。② 这五十国与西域向西汉遣质入侍的五十国正好相符,表明册封是在人质控制的基础上采取的政治管理手段。

人质与战争密不可分,获取人质以武力为后盾,西汉武帝获取西域质子就是靠战争手段。顺帝永建五年(130),疏勒王臣磐"遣侍子与大宛、莎车使俱诣阙贡献"。③

吕思勉先生曾指出:"从来夷狄之顺从,恒以中原王朝之盛强,适值彼之衰乱;夷狄之强横,亦以中原王朝之衰乱,促成彼之盛强,此数见不鲜之事也。"④因此,强盛的国力和成功的军事打击是掌握人质外交主动权的前提,而人质控制则是巩固战争成果的手段。

(三) 促进了经济的交流和边疆的开发

西汉成帝时,康居虽然遣质纳贡,但却恃远对汉朝骄慢不敬。都护郭舜数次上言提到:"康居骄黠,讫不肯拜使者。都护吏至其国,坐之乌孙诸使下,王及贵人先饮食已,乃饮啖都护吏,故为无所省以夸旁国。"并认为康居之所以遣子入侍,"其欲贾市为好,辞之诈也",主张:"宜归其侍子,绝勿复使,以章汉家不通无礼之国。敦煌、酒泉小郡及南道八国,给使者往来人、马、驴、橐驼食,皆苦之。空罢耗所过,送迎骄黠绝远之国,非至计也。"但成帝终羁縻而未绝。康居由于远离汉朝,尽管遣送了侍子,汉朝并不能对其进行有效控制,康居对使者无礼,汉朝也很难前去征讨,迎送使者反而耗费了不少国家钱财,所以其侍子是不受欢迎的。康居遣送侍子,主要目的是为了同汉朝进行贸易,获取经济利益。成帝终羁縻未绝,这固然显示了汉朝的宏大气度,但为此受累的却是汉朝百姓。

---

① 彭建英:《中国古代羁縻政策的演变》,中国社会科学出版社 2004 年版,第 21~34 页。
② 《汉书》卷九十六下《西域传下》,第 3928 页。
③ 《后汉书》卷八十八《西域传》,第 2927 页。
④ 吕思勉:《中国民族史》,中国大百科全书出版社 1987 年版,第 89 页。

《三国志·魏书》卷二十四《崔林传》载,魏时龟兹侍子来朝,朝廷"褒赏其王甚厚",结果引起其余各国纷纷仿效,遣子来朝。崔林怕这些国家"所遣或非真的,权取疏属贾胡,因通使命,利得印绶","乃移书敦煌喻指,并录前世待遇诸国丰约故事,使有恒常"。

魏晋侍子有可能是假的,在汉代就已经出现过这样的荒唐事。既然连侍子真假都难以断定,怎样来控制侍子所在国?至此侍子的人质作用已经变味了,成为魏晋朝廷装点门面的道具,而西域各国则假借入侍,获得了印绶和赏赐,并借中原王朝的护送侍子制度兴贸易之实,获得了真正的实惠。当然也存在把真侍子误认为假的情况,陈汤曾"上言康居王侍子非王子",结果"按验,实王子也。汤下狱当死"。太中大夫谷永上书为陈汤辩护求情,"天子出汤,夺爵为士伍"。① 看来侍子的真假确实是一件大事。

可以说,西域的入侍既促进了西域各国的经济发展以及同汉朝的经济交流,客观上促进了对边疆的开发,同时也加重了汉朝的经济负担。

(四)促进了汉文化的传播和民族间文化的交流

汉朝征取质子的一个重要目的,就是"质其种裔,习我华风"。② 西汉宣帝时,龟兹王绛宾上书愿与其夫人俱入朝。元康元年(公元前65年),遂来朝贺。"王及夫人皆赐印绶。夫人号称公主,赐以车骑旗鼓,歌吹数十人,绮绣杂缯琦珍凡数千万。留且一年,厚赠送之"。后数来朝贺,"乐汉衣服制度,归其国,治宫室,作徼道周卫,出入传呼,撞钟鼓,如汉家仪"。外国胡人皆曰:"驴非驴,马非马,若龟兹王,所谓赢也。"绛宾死,其子丞德自谓汉外孙,成帝、哀帝时往来尤频,西汉待之亦甚亲密。③

莎车王延"元帝时,尝为侍子,长于京师,慕乐中国,亦复参其典法。常敕诸子,当世奉汉家,不可负也"。天凤五年(18年),莎车王延死,谥忠武王。延死,子康继立。在东汉初朝廷尚无暇顾及西域之时,康仍率傍国拒匈奴,保护原驻守西域的西汉都护和吏士妻、子千余口,"檄书河

---

① 《汉书》卷七十《陈汤传》,第3021页。
② 〔宋〕王钦若等编纂《册府元龟》卷九百九十六《外臣部·纳质》,中华书局1960年版,第11528页。
③ 《汉书》卷九十六下《西域传下》,第3917页。

西,问中国动静,自陈思慕汉家",后受东汉封为西域大都尉。这说明西域侍子对汉朝有更多的了解,汉化程度也深,是传播汉族文化的重要媒介,促进了民族融合。建武五年(29年),"河西大将军窦融乃承制立康为汉莎车建功怀德王、西域大都尉,五十五国皆属焉"。① 人质手段与册封等手段相结合,是汉朝对西域控制加强的标志。

杨联陞认为,汉朝的标准策略是以取得人质来控制夷狄小国,"对外国人质的详细研究足以显示一个王朝对外拓展的程度与方向"。这种观点是符合实际情况的。对外族控制越强,入侍现象就越频繁,汉文化的传播就越广。

小　结

西汉的人质问题在劫持人质,同周边少数民族政权的人质方面都有所表现。其中与匈奴等少数民族及西域诸国的人质关系最为突出,有专门安置国内人质和藩国人质的馆邸。人质手段确实能起到以最小的代价进行控制的作用,但人质手段毕竟是非人道的。首先,人质手段作用的发挥必须基于一个条件,那就是因人质被要挟方确实关心人质的安危,否则人质是起不到预期的作用的。如汉高祖刘邦的父亲被项羽劫持,而刘邦不为所动,匈奴单于头曼曾把冒顿送到月氏为人质试图加害于他,在这种情况下,人质手段没有起到丝毫的作用。

其次,对于人质的被要挟方来说,出质是有风险的,人质有可能被杀害。但如果预期得到的利益大于人质受害的代价,他们同样会置人质安危于不顾,因此,人质的作用是有限的,并不能保证附属国绝对地服从。如匈奴在汉宣帝时期依附汉朝,王莽篡权后又趁中原动荡背叛汉朝,并与乌桓、鲜卑联合起来数次侵犯汉朝边疆。东汉时期,鲜卑部落首领大人也曾"纳质内属",它虽然在明帝、章帝时期保汉边塞无事,但当汉朝国内动荡时反汉,多次进犯汉朝边境。

最后,人质也是对百姓的统治手段之一。中国在秦朝就已经出现了

---

① 《后汉书》卷八十八《西域传·莎车传》,第2923页。

连坐制度,"令民为什伍,而相牧司连坐。不告奸者腰斩,告奸者与斩敌首同赏。匿奸者与降敌同罚"。①《索隐》注:"一家有罪而九家连举发,若不纠举,则十家连坐"。连坐法的实质是使百姓互为人质而又共同成为国家政权的人质。十分明显,人质在这里成了封建统治阶级手中残酷镇压人民群众而强化政治统治的工具。② 在这里,无辜受连坐的百姓充当了隐性人质的角色。

① 《史记》卷六十八《商君列传》,第 2230 页。
② 王圣宝:《说人质》,《安徽史学》1993 年第 1 期。

第三章　三国时期的人质

在三国两晋南北朝时期的大部分时间里,尽管北方出现过几次局部统一,西晋也出现过短暂的南北统一,但总的来说中国一直处于分裂状态。社会的动荡和无序使得各国或各军阀之间互相猜疑,上下级之间不能达到互信,战争引发的规模空前的人口流动使政权或军阀难以对人民实行有效统治。这一切都需要一个解决的方案,利用人质便是军阀间取得互信,上级加强对下级控制,统治者对人民有效统治的一个手段。

尽管魏晋以前也有人质现象,魏晋南北朝时期的人质现象却在中国历史上独具时代特色。人们对此段时期人质现象进行专门研究的并不多,更多的则散见于历史学者们对政治制度的论述中,比较有代表性的有:何兹全的《魏晋南朝的兵制》①、《孙吴的兵制》②;唐长孺先生的一些有关文章,如《晋书赵至传中所见的曹魏士家制度》③;高敏先生的《魏晋南北朝兵制研究》等论著;黎虎先生的《汉唐外交制度》,以及其他一些涉及人质现象的文章等等。三国时期的人质现象的研究成果,如宋杰

---

① 《历史语言研究所集刊》第16册,中华书局1987年版,第229～271页。
② 《中国史研究》1984年第3期,第93～106页。
③ 唐长孺:《魏晋南北朝史论丛》,三联书店1955年版,第30～36页。

的《汉末三国时期的"质任"制度》①等。这些成果都对人质现象,尤其是对质任制度的研究有着重要的参考价值。不可否认,质任制度是研究人质现象必不可少的重要一环。质任制度体现了人质现象的一些规律,但并不等同于人质现象的全部。单纯从质任制度来研究人质现象很容易导致结论的机械化和固定模式化,仅此还不足于探究三国两晋南北朝人质现象的全貌,因而也就不可能对人质现象的规律作一个科学而全面的阐释。除此之外,前人对人质现象的研究还有不少忽视的地方,比如对人质现象的起源,古代人质概念的准确定义等缺乏一般理论上的阐释,更缺乏对人质现象的动态述论。

从语义上讲,"质"和"任"在三国两晋南北朝时期都含有人质之意,有时两者可以互用。"质任"更是人质的专有名词,"遣子入侍"汉代已有,表示遣送人质之意。"人质"与"质任"并不是两个完全对等的概念,"质任"是在三国两晋南北朝特殊的质任制度下主动或被迫遣送的人质,"人质"的概念更广,它不仅指质任,还包括不是质任制度体现的劫持人质和其他一些随机性的人质。有一定制度可循的人质制度及其表现和随机性的人质事件共同构成了这一时期的人质现象。三国两晋南北朝时期表示人质的词汇有任子、质子、任、质、侍子、质任、保任、保质等。

第一节　汉末三国的人质事件

汉末三国时期,人质手段被军阀广泛应用于政治军事斗争,汉献帝首当其冲,成为军阀手中最大的一个人质。董卓入雒阳后,废少帝刘辨,立献帝刘协,独揽朝政。190年,关东军事集团推举袁绍为盟主,联合进攻董卓,董卓知武力不敌,就挟持汉献帝西走长安。"关东义兵起,卓遂劫帝西迁,徵虞为太傅,道路隔塞,信命不得至"。②董卓被杀后,汉献帝又落入李傕、郭汜手中。"傕质天子于营,烧宫殿城门,略官寺,尽

---

① 《北京师院学报》(社科版)1984年第1期。
② 《三国志》卷八《魏书·公孙瓒传》,第241页。

收乘舆服御物置其家。"①李傕使公卿到郭汜那里请和,郭汜却把这些公卿们全部拘押为人质。杨彪说:"群臣共斗,一人劫天子,一人质公卿,此可行乎?"②在军阀的操纵下,汉献帝和诸公卿实际上充当了他们的人质盾牌。

公元196年,曹操把汉献帝劫持到许,这成为汉末三国出现的最大也是最隐蔽的一宗人质事件。③ 如果说李傕、郭汜劫持皇帝是自保的权宜之计,那么曹操挟天子以令诸侯却是一项高明的政治谋略。把汉献帝连同都城都迁到自己的根据地后,曹操在政治上获得极大的优势,征伐四方,令由己出。在这里,汉献帝实际上充当了曹操的人质,而曹操的对手——各路"诸侯",成为受制于曹操的被动方。"会太祖迎天子都许,收河南地,关中皆附。绍悔,欲令太祖徙天子都鄄城以自密近,太祖拒之。天子以绍为太尉,转为大将军,封邺侯。绍让侯不受。"④《献帝春秋》注曰:"绍耻班在太祖下,怒曰:'曹操当死数矣,我辄救存之,今乃背恩,挟天子以令我乎!'太祖闻,而以大将军让于绍。"本来,袁绍也有控制汉献帝的机会,可是他没有认识到汉献帝这个特殊人质的重要性,拒绝了谋士沮授提出的迎皇帝、挟诸侯的建议。直到曹操挟质汉献帝的优势充分显现,自己处处被动之余,袁绍才如梦方醒,多次试图夺回汉献帝,结果都未能如愿。⑤ 汉献帝虽然成为毫无权力的傀儡,但名义上仍然是东汉皇帝,有着极大的政治影响,用天子的名义发号施令还是名正言顺的。当时从公卿到平民,忠于汉朝的大有人在。谁也不敢轻易公开反汉,更不敢取代汉家天下,否则就不会有好下场。袁术曾妄图称帝,结果成为众矢之的,旋即败亡。拿皇帝作人质,显示了曹操过人的政治头脑,同样有机会的袁绍却没看到这一点,难怪他最终会被曹操灭掉。在此申明一点,汉献帝并非纯粹的人质,但他处于人质的地位却是不容否认的,属于隐性人质。曹操对汉献帝,并不是把他当做普通的人质利用,可以说是"借尸还魂"一计的战略应用。

即便是善于利用人质的曹操,也有失算的时候。建安二年(197

---

① 《三国志》卷六《魏书·董卓传》,第183页。
② 《三国志》卷六《魏书·董卓传》注引华峤《汉书》,第184页。
③ 《三国志》卷一《魏书·武帝纪》,第13页。
④ 《三国志》卷六《魏书·袁绍传》,第194页。
⑤ 《三国志》卷六《魏书·袁绍传》及注引《献帝传》,第194~195页。

年),张绣的降而复叛使曹操措手不及,曹操长子曹昂和侄子曹安民被杀,自己也险些丧命。在总结这次惨痛的教训时,曹操说:"吾降张绣等,失不便取其质,以至于此。吾知所以败。诸卿观之,自今已后不复败矣。"①曹操此言,把失败的主要原因归于防范不严,没有纳张绣人质,可以说是肺腑之言。后来曹操平西凉时,关中以韩遂、马超为首的将领,看到形势不利,提出向曹操纳质求和。曹操采纳了谋臣贾诩的意见,假装允许讲和,再利用和谈离间马超和韩遂的关系,一举击溃了关中的联军。②

曹氏同孙权之间,也有一段关于人质问题的曲折较量。建安七年(202年),曹操借平灭袁绍的余威,下书要孙权送质子,孙权召群臣商议未果,与周瑜单独谋划。周瑜分析送人质的危害:"质一人,不得不与曹氏相首尾,与相首尾,则命召不得不往,便见制于人也。极不过一侯印,仆从十余人,车数乘,马数匹,岂与南面称孤同哉?不如勿遣,徐观其变。"③遂不送质。正是因为送人质会受制于人,所以除非迫不得已,是不会有谁主动送人质的。袁、曹对峙时,韩嵩曾劝刘表向曹操送质,刘表一怒之下险些杀了他。④

曹丕称帝后,孙权出于战略考虑,向魏称臣。魏帝曹丕再次要求孙权送人质,孙权却迟迟不纳人质,一再低调周旋。看到孙权事魏并非出自诚心,魏文帝派侍中辛毗、尚书桓阶前往孙吴,欲与盟誓并徵其任子,被孙权拒绝。魏国决定动用武力,孙权黄武元年(222年)秋九月,魏文帝派大将曹休、曹仁等进攻东吴南郡等地。孙权也调兵遣将与魏军对抗。⑤ 军事进攻并没有使孙权屈服,魏帝曹丕只好接受现实,放弃了要孙权送人质的要求。孙权之向魏称臣,只是一种策略,并非真的要臣服魏国。若纳质于魏,就意味着真的归降,势必处处受制于人,因此孙权不惜同魏国开战也不肯送人质。

孙吴也曾利用人质手段夺取荆州,建安二十四年(219年),吕蒙乘关羽攻打樊城曹军之机,袭占南郡,把关羽及其将士们的家属扣押为人

---

① 《三国志》卷一《魏书·武帝纪》,第14~15页。
② 同上,第34~35页。
③ 《三国志》卷五十四《吴书·周瑜传》注引《江表传》,第1261页。
④ 《三国志》卷六《魏书·刘表传》,第212~213页。
⑤ 《三国志》卷四十七《吴书·孙权传》,第1125页。

质。这样,既占领了荆州,又瓦解了关羽的军心,关羽属下听说亲人被扣押,唯恐战事一开,家属遇害,又听说吕蒙善待人质,更无战心。结果关羽在回救荆州的途中,兵员所剩无几,最终在这年的十二月被擒。①孙吴还用人质手段解决外交问题,孙权嘉禾三年(234年),孙权派使者谢宏、中书陈恂拜高丽王宫为单于,加赐衣物珍宝。在获悉高丽王宫受魏幽州刺史指使,要拿吴国使者作为亲魏的见面礼时,谢宏即缚得前来相见的高丽主簿笮咨、带固等30余人为人质,于是高丽王宫谢罪,与吴通好,还赠送给吴国几百匹良马。②这是把人质手段成功应用于外交斗争的典型例子。东吴后期,劫持人质也用于统治阶级的内部斗争。滕胤在与孙綝的斗争中,滕胤"劫(华)融等,使诈诏发兵。融等不从,胤皆杀之"。③

刘备夺取益州同样使用了人质手段。建安十七年(212年),受刘璋之托进攻张鲁的刘备在葭萌关停军不前,厚树深恩以收民心。刘璋获悉刘备霸蜀的野心,命守关诸将不得让刘备通行。刘备杀白水军督杨怀,并扣押守关诸将家属,然后引军顺利进据涪城。④姜维也利用人质来控制少数民族,《晋书》载:"蜀将姜维又寇陇右,扬声欲攻狄道。以帝(司马昭)行征西将军,次长安。雍州刺史陈泰欲先贼据狄道,帝曰:'姜维攻羌,收其质任,聚谷作邸阁讫,而复转行至此,正欲塞外诸羌,为后年之资耳。若实向狄道,安肯宣露,令外人知? 今扬声言出,此欲归也。'维果烧营而去。"⑤姜维攻打诸羌,再收其人质,正是为了控制各支羌族,并以羌族作为自己的兵源,与曹魏争锋。

在高平陵事变中,司马懿挟持太后,发诏夺曹爽兵权。曹爽的智囊桓范劝曹爽兄弟也采用人质手段反击,"爽兄弟犹豫未决,范重谓羲曰:'当今日,卿门户求贫贱复可得乎? 且匹夫持质一人,尚欲望活,今卿与天子相随,令于天下,谁敢不应者?'羲犹不能纳。"⑥既然司马懿能操纵太后,曹爽的家属也一定被司马氏扣押为人质。曹爽拒绝桓范的建议,

---

① 《三国志》卷五十四《吴书·吕蒙传》,第1278~1279页。
② 《三国志》卷四十七《吴书·吴主权》注引《吴书》,第1139~1140页。
③ 《三国志》卷六十四《吴书·孙綝传》,第1446页。
④ 《三国志》卷三十二《蜀书·先主传》,第882页。
⑤ 《晋书》卷二《太祖文帝纪》,第32~33页。
⑥ 《三国志》卷9《魏书·曹真附曹爽传》,第287页。

应该有怕家属遇害这方面的原因。如果曹爽兄弟能听从桓范的建议,挟质皇帝兴大军对抗,鹿死谁手恐怕还很难说起码可以给司马氏以打击,不至于屈辱地束手就擒,阖门就戮于市。

除了曹、吴、刘几个大军阀采用人质手段外,其他军阀利用人质的事例也随处可见。董卓劫汉献帝西迁时,献帝暗中派刘和找救兵,途径袁术时被扣留,袁术企图以此要挟刘和之父——宗室刘虞作为他的外援。后来刘和从袁术处逃到北方,再次被袁绍扣留为人质。① 吕布夺取下邳时,也扣押刘备的家属为人质,迫使刘备求和。② 魏末正元二年(255年)征东大将军毌丘俭、扬州刺史文钦举兵反叛,都送质于吴以求救兵。③ 人质手段除被用于政治军事斗争和兵制外,还用于争夺人才。曹操扣押徐庶母亲为人质,使徐庶方寸大乱,虽终生不为曹操出谋,但亦不能为刘备所用。

与扣押人质相反,释放人质或不要求出质也是表示信任的一种手段。魏文帝不纳孟达人质就是一个例子。孟达在延康元年(220年)率部曲4000余家归魏,魏文帝其时初即王位,对孟达很赏识。他致书孟达说:"……卿来相就,当明孤意,慎勿令家人缤纷道路,以亲骇疏也。若卿欲来相见,且当先安部曲,有所保固,然后徐徐轻骑来东。"④ 可遗憾的是,魏文帝的怀柔政策并没有奏效,孟达在魏明帝时还是反了。

除外交类型的人质外,劫持人质在三国时期也比较猖獗。东吴时期,"永安贼施但等劫皓弟谦,袭建业",由于孙楷没有及时征讨,受到孙皓数次谴责。楷孙惶怖,遂于天玺元年(276年)率妻子亲兵数百人归晋。随机性的劫持人质在汉末三国很普遍,如刘繇叔父被贼所劫,夏侯惇被吕布部将所劫,毕谌母弟妻子被张邈所劫,靳允母弟妻子被吕布所劫都是很典型的。

---

① 《三国志》卷8《魏书·公孙瓒传》,第241页。
② 《三国志》卷7《魏书·吕布传》注引《英雄记》,第223~224页。
③ 《晋书》卷2《景帝纪》,第30页。
④ 《三国志》卷3《魏书·明帝纪》注引《魏略》,第93页。

第二节 三国时期的人质制度

人质现象不仅表现为具体的人质事件,还表现在当时的人质制度即"质任"制度上。"质任",是君主或上级为防备臣下或下级反叛而拘押的人质。质任制度作为一种比较完备的制度,与当时的兵制有着密不可分的关系。何兹全先生在论述世兵制的产生时说:"在汉末三国大混乱的局面中,周秦两汉以来的'交质'制与'任子'制演变而成为一种'质任'制度,上下不能互信,便以父兄子侄作质任。官吏对皇帝有质任,士兵对长官亦有质任。士兵的家属都要聚居一起,集中管理。……士兵如有逃亡,其妻子家属便没官为奴婢。"[1]关于"交质"、"任子"、"质任"三个概念,"交质"就是双方互换人质以取得相互间的信任,这种形式多出现于春秋战国时期,人质身份多为王孙公子。"任子"一词则最早出现于《汉书·哀帝纪》绥和二年(公元前7年)六月的诏书中"除任子令及诽谤诋欺法"。应劭注曰:"任子令者,《汉仪注》吏二千石以上视事满三年,得任同产若子一人为郎。不以德选,故除之。"[2]据高敏先生考证,"任子"制实始于商鞅变法后的秦国。[3] 任子制是作为皇帝对臣下的一种特权而实行的世袭继承制度,即允许大臣保举其子弟做官的制度。任子起初并没有人质的含义,但由于被保举做官的大臣子弟做官前须居留京师,随着东汉末年政局的动荡,操纵任子也成为朝廷控制大臣将领的手段,所以任子制就渐渐的演变成一种臣下向中央出质的制度,任子也就具有了人质的含义。作为人质的任子是单方面人质,身份多是有继承权的长子,三国两晋南北朝时的任子都具有人质的含义。"质任"一词,也是由"任子"一词演变而来,从史籍中我们可以看出由任子向质任演变的痕迹,《三国志·江表传》载:"曹公新破袁绍,兵威日盛,

---

[1] 何兹全:《魏晋南朝的兵制》,《历史语言研究所集刊》第16册,中华书局1987年版,第244~245页。

[2] 《汉书》卷十一,第316~317页。

[3] 高敏:《关于汉代任子制的几个问题》,见《秦汉史论集》,中州书画社1982年版,第278页。

建安七年,下书责权质任子。"①文中的"质"为动词,即以任子为质。"质任子"后来被简化为"质任"或干脆叫"任",意为人质。"质任"既包括"任子"在内,也可以指家属,其身份多元化。耐人寻味的是,"质任"这个名词乃魏晋南北朝时期人质的专有名词。通过检索电子版的二十五史,除《三国志》到《北史》这些魏晋南北朝史籍之外,在三国以前及南北朝以后的史籍中,竟没有发现一处"质任"这个名词。

一、三国内政(包括兵制)上人质制度的几个表现

三国时期,人质制度广泛用于内政(包括兵制)方面。从出质的方向来看大致有以下这样几个特点。

第一,征戍将领和州郡长官对中央出质,人质一般送往统治中心。汉末三国的质任制度以曹魏最为典型。曹操起兵之初,大小军阀互相混战,部属将领叛服无常。正如曹操所说:"当今天下土崩瓦解,雄豪并起,辅相君长,人怀怏怏,各有自为之心,此上下相疑之秋也。"②因而军阀们就要求部将以家属为人质,部将为避免被人猜疑,也主动送家属为人质。如孙观、李典、臧霸等,都将自己和部曲的家属送质曹操居镇的邺都。于是逐渐形成为制度:"诸将征戍及长吏仕州郡者,皆留质任于京师。"③关于曹魏质任制度实行的时间,据高敏先生考证,"曹操以将领子弟为质任的制度,当在建安二、三年之间",并且还指出:"以兵士家属集中居住以为人质的做法同以将领子弟为质任的办法,在本质上是一致的。把士家集中于邺,是他平定袁绍以后改变集中地而做出的新规定。"④这是很精当的论断。曹操在平定邺都后,各项政令逐步完善,在这些法令的保障下,质任制度也就从权宜之计演变为常制。质任制度的推行,也与曹操对部将的暗示和鼓励有关。

臧霸请求送子弟为人质时,曹操说:"昔萧何遣子弟入侍,而高祖不拒;耿纯焚室舆榇以从,而光武不逆,吾将何以易之哉!"⑤把接受下级人

---

① 《三国志》卷五十四《周瑜传》注引《江表传》,第1260页。
② 《三国志》卷一《武帝纪》注引《魏书》,第16页。
③ 《资治通鉴》卷七十九胡三省注,第2493～2494页。
④ 高敏:《魏晋南北朝兵制研究》,大象出版社1998年版,第57～58页。
⑤ 《三国志》卷十八《魏书·臧霸传》,第537页。

质看做是继承前代的优良传统,顺理成章。如果下级不主动送人质,就会撕破脸皮,强征人质。大臣只有送人质于京师,才能受到信任和重用。孙观"与太祖会南皮,遣子弟入居邺,拜观偏将军,迁青州刺史。"①三国后期,蜀国罗宪归附魏国后,泰始元年(265年)"遣妻子居洛阳",三年冬"进位冠军将军,假节"。② 将领送人质,曹操还假意推辞,可见当时下级将领向上级出人质的制度虽趋于成熟,但尚未成为明文规定。曹魏后期,征戍将领必须出质已逐渐成为一种公认的制度。当钟会率军攻蜀时,因他没有亲子可为人质,邵悌就反对他率军出征:"今钟会单身无任,不若使余人行。"③

与将领和士兵必须出质相比,州郡守令在是否向中央出人质方面还是有一定自由的。魏国的郡县根据重要性不同分为三类,即"剧"、"中"、"平"。其中"剧"又称"外剧",地近边陲,其赋税徭役较轻,但长官要送人质到京师。王观为涿郡太守时,涿郡经常受到鲜卑的骚扰。"明帝即位,下诏书使郡县条为剧、中、平者。主者欲言郡为中、平,观教曰:'此郡滨近外虏,数有寇害,云何不为剧邪?'主者曰:'若郡为外剧,恐于明府有任子。'观曰:'夫君者,所以为民也。今郡在外剧,则于役条当有降差。岂可为太守之私而负一郡之民乎?'遂言为外剧郡,后送任子诣邺。时观但有一子而又幼弱。其公心如此。"④魏明帝把郡县归为剧、中、平是根据各郡县自己的申报来定的,外剧虽然要送任子,但百姓的负担较轻。王观为了一郡百姓的利益,不惜把幼弱的独生子送往邺都做人质。曹魏明确规定外剧郡的太守要送任子到京师,显示了人质制度的成熟和新发展。

吴国地方将领和郡守也有向中央出质的制度。吴太平二年(257年),孙亮亲政,"科兵子弟年十八已下十五已上,得三千余人,选大将子弟年少有勇力者为之将帅。亮曰:'吾立此军,欲与之俱长。'日于苑中习焉"。孙亮组建这支军队的真正目的是以质任手段控制诸将和军队。⑤ 孙休永安二年(259页)"将守质子群聚嬉戏,有异小儿忽来言曰:

---

① 《三国志》卷十八《魏书·孙观传》注引《魏书》,第539页。
② 《三国志》卷四十一《蜀书·霍峻传》注引《襄阳记》,第1009页。
③ 《三国志》卷二十八《魏书·钟会传》,第793页。
④ 《三国志》卷二十四《魏书·王观传》,第693页。
⑤ 《三国志》卷四十八《吴主亮传》,第1153页。

'三公锄,司马如。'"①《三国志》亦载:"吴以草创之国,信不坚固,边屯守将,皆质其妻子,名曰保质。"②可见吴国的将守人质称为"保质",由将守的妻子和儿子充当,集中居住在都城等要害之地。这里的"保"是担保作抵押之意。质子能"群聚",足见其人数可观,一个"皆"字,透露出这种人质制度的普遍化和规范化。地方郡守向中央出质的例子也不少,如曾为孙吴交趾太守的士燮于建安末年遣子廞为质,孙权任他为武昌太守。③

蜀国虽然也使用过人质手段,但要求地方将领和太守出质的例子记载很少,似乎并没有形成一个成熟的政治制度。但从极少的一些材料中,我们仍然能看出蜀国也实行了人质制度,并且其人质也称"保质",只不过其主要目的为控制少数民族。曹魏太和九年(235年),在与郭淮的战争中,姜维"留阴平太守廖化于成重山筑城,敛破羌保质"。④ 专门筑城来安置羌族人质,看来人质数量也不会少。早在建兴三年(225年),诸葛亮平定南中后,把大多数"豪帅"迁徙出南中。如李恢在镇压"复叛"的"南夷","锄尽恶类"之后,便迁徙其豪帅于成都,使其脱离反叛的根基,以便加以控制,这些大族实际上成为蜀国控制南中少数民族的人质。通过这样的办法,使南中没有大的反抗力量,以达到"不留兵,不运粮,而纲纪粗定,夷、汉粗安"。⑤

第二,士兵家属集中居住一地充当人质,作为对士兵控制的手段。士兵的家属既可能居住在京师,也可能居住在地方。

随着对将领质任制度的形成,士兵也有了质任制。世兵制的形成也促进了质任制度的发展。世兵制度形成于汉末,确立于三国。唐长孺先生论三国兵制时说:"三国时期的军事制度发生了显著变化,国家军队基本上仿照汉末以来的家兵部曲制度组成。曹魏的士家制度和孙吴的世袭领兵制都是世袭兵。"⑥家兵部曲都是私人武装,军队的私有化和

---

① 《晋书》卷二十八《五行志中》,第843页。
② 《三国志》卷四十八《吴书·孙皓传》注引《搜神记》,第1177页。
③ 《三国志》卷四十九《吴书·士燮传》,第1192页。
④ 《三国志》卷二十六《魏书·郭淮传》,第735页。
⑤ 《三国志》卷三十五《蜀书·诸葛亮传》注引《汉晋春秋》,第921页。
⑥ 唐长孺:《魏晋南北朝隋唐史三论》,第三章《兵士身份的卑微化》,武汉大学出版社1992年版,第58~59页。

世袭化使得兵士对长官的依附性加大。为加强对军队的控制，便实行把将士家属聚居作为抵押的质任制度，作为加强对士兵控制并进而控制军队的手段。曹魏的世家制度，东吴的兵户，蜀国的军户，都是质任制度渗透于兵制中的典型例子。唐先生在论及曹魏士家制度时谈到，曹魏把将士家属集中居住在邺城，就是为了控制将士家属为人质，以防止将士逃亡或反叛。①何兹全先生同样谈到三国时把将士家属集中居住的现象以及这样做的质任目的："将士家属集中居住一地，既易于监护，也有作为质任以防止将士投敌的作用。所以吕蒙袭取了南郡，关羽的军队就'吏士无斗心'（《吕蒙传》）不战而溃。"②在此基础上，我们不妨做进一步的深化。吕蒙占领南郡后关羽军心涣散溃败的主要原因，不仅是由于作为蜀国人质的将士家属被吕蒙所劫，导致关羽丧失了对军队的控制，更重要的是包括关羽家属在内的将士家属都被吕蒙操纵为人质，关羽及其将士成为人质的被要挟方处于被动地位而难以有所作为。同时也是由于吕蒙宽待人质，孤立了关羽，进而瓦解了关羽的军心。吴国一般将领的人质则就近安置，"初，晋宗为戏口将，以众叛如魏，还为蕲春太守，图袭安乐，取其保质"。③晋宗图袭安乐的目的就是要从城中接出作为人质的家属，作为人质被安置的安乐，在魏吴边界而不是在吴国的都城。

在质任制度下，士兵如果逃亡，其家属就会受到严厉的处罚，"鼓吹宋金等在合肥亡逃。旧法，军征士亡，考竟其妻子。太祖患犹不息，更重其刑。金有母妻及二弟皆给官，主者奏尽杀之"。一个普通士兵逃亡，竟被最高统治者曹操过问，可见曹魏对士兵的控制是何等严密而残酷。④

---

① 唐长孺：《晋书赵至传中所见的曹魏士家制度》，《魏晋南北朝史论丛》，三联书店1955年版，第32～33页。唐先生在第32页的注释中引用《晋书·武帝纪》泰始元年和咸宁五年两次罢除质任的材料后说："质任就是人质，将士家属集中居住于邺或洛阳，除了充实户口之外，主要是防止逃亡、反叛。"非常正确。但在引用咸宁五年的材料时并未全引"降除部曲督以下质任"，而只引"除部曲督以下质任"，不甚恰当，本文在论及晋代质任制度时将谈到"降"字的特殊含义。

② 何兹全：《孙吴的兵制》，《中国史研究》1984年第3期。

③ 《三国志》卷六十《吴书·贺齐传》，第1380页。

④ 《三国志》卷二十四《魏书·高柔传》，第684页。

第三,有专门安置人质的机构设施。

安置"质任"的机构,曹魏称"保官"。延康元年孟达归魏,魏文帝曹丕致孟达的书中说:"今者海内清定,万里一统,三垂无边尘之警,中夏无狗吠之虞,以是弛罔阔禁,与世无疑,保官空虚,初无(资)[质]任。卿来相就,当明孤意,慎勿令家人缤纷道路,以亲骇疏也。"① 姜维降蜀后,魏"诸军攻冀,皆得维母妻子,亦以维本无去意,故不没其家,但系保官以延之。"② 吴国安置人质的地方叫"任子馆",《建康实录》引《吴书》曰:"时诸将屯戍并留任其子,为立一馆,名任子馆。地在宋乐游苑,西对今楼玄门平泽内。"③ 魏蜀吴三国都称人质为"保质",蜀国安置人质的地方没有见到保官的名称,但蜀国的成都也应有安置人质的地方,"上庸太守申耽举众降,遣妻子及宗族诣成都"。④ 同时在地方的军事要地筑城,来安置少数民族的人质。前所提到的姜维依𪩘山筑二城,聚羌胡质任以及廖化在成重山筑城,集中安置破羌保质都是实例。由于羌胡的向背对于蜀魏两国有着重要的影响,蜀国筑城安置保质并不是权宜之计,而是有着与魏国对抗的长期战略目的。吴国的任子馆设在都城建康,魏国的保官可能设在都城,也可能设在边地,更有可能中央和地方都有设有保官并成为一个体系。如果人质的被要挟方地位显要,其做为人质的家属一般会安置在京师,便于操纵。至于蜀国在边境要地筑城聚羌胡保质,是为了使将领就近控制羌胡少数民族。加之蜀国交通不便,把如此众多的人质送往成都并非易事。其实,在边远地区设立安置人质的机构设施,东汉就已实行过。"安帝永初中,鲜卑大人燕荔阳诣阙朝贺,邓太后赐燕荔阳王印绶,赤车参驾,令止乌桓校尉所居宁城下,通胡市,因筑南北两部质馆。(原注:"筑馆以受降质。")鲜卑邑落百二十部,各遣入质。是后或降或畔,与匈奴、乌桓更相攻击。"⑤ 三国时期的质任制度无疑继承了前代的做法。

内政上的人质实行的一个重要原因就是维护上级对下级的统治。

---

① 《三国志》卷三《魏书·明帝纪》注引《魏略》,第93页。
② 《三国志》卷四十四《蜀书·姜维传》注引《魏略》,第1063页。
③ [唐]许嵩撰,张忱石点校:《建康实录》卷七自案注引《吴书》,中华书局1986年版,第178页。
④ 《三国志》卷四十《蜀书·刘封传》,第991页。
⑤ 《后汉书》卷九十《鲜卑传》,第2986页。

前引何兹全在《魏晋南朝的兵制》一文中提出,质任制度产生的一个重要原因便是"上下不能互信"。而日本学者川胜义雄认为,六朝时期,复合集团上下统属关系的一个重要形式是质任关系。并对何兹全说法提出质疑,认为:"如果下对上怀抱不信,那么从理论上说,面对自己不能信赖的对象时,是不会送自己的妻子眷属去作人质的。"并进一步提出:"我们认为质任起因于上下不信的看法,主要是站在上的立场,只看到了事物的半面,如果立于下的立场,就会发现质任没有信义便不会成立,而且这一习俗与视个人信义为生命的任侠习俗也并非毫无关系。"①其实川胜义雄的这种观点是有问题的,在质任制度形成的早期,主动遣质确实是出于下对上的信任,或者是下级为了取得上级的信任。但人质制度形成以后,只要构成了上下级关系,下级就必须向上级遣送人质,这已经成为一种制度性的规定,与下级是否信赖上级关系不大。魏晋南北朝时期,还有许多主动出质的情况,并不一定是出于对人质接受方的信任,而是出质方有自己的要求,诸如出于借兵、自保、表示忠诚等各种原因,不得不在人质上作出一种牺牲。

二、三国外交上的人质制度

首先,臣服国向宗主国出人质,是外交上的一个惯例。对人质与外交的关系,从三国时期曹魏与孙权之间在关于征孙权任子上的外交斗争可以得到一些线索。建安七年(202年),曹操借挟天子以令诸侯的政治优势和平灭袁绍的余威向孙权征任子。孙权接受周瑜的建议没有送人质,为双方的矛盾埋下伏笔。曹魏代汉后,孙权出于战略考虑,向魏称臣。魏文帝曹丕再次要求孙权送人质,孙权却迟迟不纳人质,"魏乃遣侍中辛毗、尚书桓阶往与盟誓并征任子",再次被孙权拒绝。黄武元年(222年),魏国终于决定用武力迫使吴国纳质,出兵讨伐,结果无功而返。魏文帝在信中对孙权说"朕之与君,大义已定,岂乐劳师远临江汉?廊庙之议,王者所不得专;三公上君过失,皆有本末。朕以不明,虽有曾母投杼之疑,犹冀言者不信,以为国福。故先遣使者犒劳,又遣尚

---

① [日]川胜义雄:《六朝贵族制社会研究》,上海古籍出版社2007年版,第93~95页。

书、侍中践修前言,以定任子。君遂设辞,不欲使进,议者怪之。"①"徵任子"是外交上的一件大事,"任子"与其说是对臣服国采取的一种人质控制手段,倒不如说是真正臣服的象征。为了征孙权人质,曹操、曹丕两代君主努力不懈,并且不惜动用武力,绝不仅仅是为了得到一个人质,而是为了实践下级必须向上级出质的外交惯例,使曹魏真正成为东吴的宗主国。根据魏文帝所言,"征任子"有一定的外交程序,臣服国提出称藩后,宗主国派使者前往犒劳,接着派朝中负责外交的大臣(魏国是侍中和尚书)前往臣服国举行盟誓,确定宗主国与臣服国的地位,最后把人质带回。盟誓的内容不得而知,但不外乎臣服国宣誓效忠宗主国,永不反叛;宗主国则承诺保护臣服国,必要时提供援助等,当然,这只是推测。正是由于征任子的合理性和重要性,所以魏国在朝议上商讨此事,可见其重视程度,"王者不得独专"。当孙权不纳人质时"议者怪之",都认为这不符合外交常规。

第二,归附军阀和将领亦必须出质。要表示诚心降附,大军阀往往要求地方军阀送人质作保证。如曹操平定关中之前,"是时关西诸将,外虽怀附,内未可信,司隶校尉钟繇求以三千兵入关,外托讨张鲁,内以胁取质任"。② 景元二年(261年)魏国襄阳太守胡烈上表"吴贼邓由、李光等,同谋十八屯,欲来归化,遣将张吴、邓生,并送质任"。③ 迫于军事压力归降的就一定要出人质,刘备进攻上庸,"上庸太守申耽举众降,遣妻子及宗族诣成都"。④ 降将为了获得援助,也往往送家属为人质。如曹操攻拔汉中前,"武威颜俊、张掖和鸾、酒泉黄华、西平麴演等并举郡反,自号将军,更相攻击。俊遣使送母及子诣太祖为质,求助。"⑤毌丘俭、文钦等在淮南叛乱,"为坛于西门之外,各遣子四人质于吴以求救"。⑥ 吴国太平二年(257),魏征东大将军诸葛诞在寿春反,"遣将军朱成称臣上疏,又遣子靓、长史吴纲诸牙门子弟为质"。⑦ 统治权力表现

---

① 《三国志》卷四十七《吴书·孙权传》,第1125~1126页。
② 《三国志》卷二十一《魏书·卫觊传》注引《魏书》,第611页。
③ 《三国志》卷二十七《魏书·王基传》注引司马彪《战略》,第755页。
④ 《三国志》卷四十《蜀书·刘封传》,第991页。
⑤ 《三国志》卷十五《魏书·张既传》,第474页。
⑥ 《晋书》卷二《景帝纪》,第30页。
⑦ 《三国志》卷四十八《吴书·孙亮传》,第1154页。

在对归附者的有效控制上,军阀混战时期,由于没有有效的国家机器保障统治权的实现,对归附者和降将索取质任便成为行使统治权力的一种权宜之计。

对降将不收质任的情况很少,孟达只是一个特例,前已述及。

第三,人质制度用于对少数民族的控制上。宋杰在《汉末三国时期的"质任"制度》①中认为,少数民族人质分为两类:一类是不在汉族政权直接统治下的少数民族,属于"化外之民",他们派遣的人质仍称"侍子"。如西域诸国向曹魏遣送的人质,"龟兹王遣侍子来朝,朝廷嘉其远至,褒赏其王甚厚"。② 太和元年(228年)冬十月,"焉耆王遣子入侍"。③ 另一类则是属于汉族政权直接统辖下的少数民族,如内迁的匈奴,"建安中魏武始分其众为五部,部立其中贵者为帅,选汉人司马以监督之"。④ 虽然保留了部落组织,有自己的酋长,当要受汉人官吏的监督管理。正如刘宣所说:"我单于虽有虚号,无复尺土之业,自诸王侯,降同编户。"类似的还有陇西羌胡等族。他们和汉族关系密切,不同于西域诸国,所以遣送的人质不叫"侍子",而是称作"质任"、"任子"或"保质"。如匈奴刘渊,"咸熙中,为任子在洛阳,文帝深待之"。宋杰的这种把人质划分为两类的观点是有道理的。但"侍子"和"任子"之称并非泾渭分明,有时二者通用。

魏晋王朝对遣子入侍的西域各国进行赐封,"其初衷或在假手这些大国控制西域;然其实际意义,就魏晋王朝来言,多半在于粉饰太平;就鄯善等国而言,在于可以打着魏晋的旗号,役使其邻近小国,亦与其他绿洲大国抗衡。这正是鄯善、龟兹、焉耆等国遣子入侍的政治目的"。⑤ 此言不谬。《三国志·崔林传》载,"余国各遣子来朝,间使连属,林恐所遣或非真的,权取疏属贾胡,因通使命,利得印绶,而道路护送,所损滋多",假冒质子的出现足以证明汉代强盛时期遣子入侍制度的名存实

---

① 宋杰:《汉末三国时期的"质任"制度》,《北京师院学报》(社科版)1984年第1期。
② 《三国志》卷二十四《魏书·崔林传》,第680页。
③ 《三国志》卷三《魏书·明帝纪》,第92页。
④ 《晋书》卷九十七《四夷传·北狄附匈奴传》,第2548页。
⑤ 余太山:《两汉魏晋南北朝与西域关系史研究》,中国社会科学出版社1995年版,第114页。

亡。国家不能直接统治的民族遣送的人质，如西域各族，其人质具有外交的意义。蜀国姜维曾率众依麴山筑二城，"聚羌胡质任等寇逼诸郡"。① 又"留阴平太守廖化于成重山筑城，敛破羌保质"。② 蜀国对羌族的控制不属于外交之类，而是对被征服者采取的手段，属于蜀国的内政。魏国对匈奴的控制则介乎外交和内政之间。

三、不同类型的人质归不同的机构管理

曹魏时期沿用汉代官制，大鸿胪仍主管外交和民族事务。"汉代以大鸿胪掌外交，魏晋南北朝时期亦然。"③作为人质外交手段而入侍的"侍子"自然也归大鸿胪掌管。史载："（崔林）迁大鸿胪。龟兹王遣侍子来朝，朝廷嘉其远至，褒赏其王甚厚。余国各遣子来朝，间使连属，林恐所遣或非真的，权取疏属贾胡，因通使命，利得印绶，而道路护送，所损滋多。劳所养之民，资无益之事，为夷狄所笑，此曩时之所患也。乃移书敦煌喻指，并录前世待遇诸国丰约故事，使有恒常。"④侍子的接待、安置、待遇等事宜，都归大鸿胪掌管。对因连坐被牵及的人质进行惩罚则由掌管刑狱的大理负责，魏黄初元年（220 年），大理改为廷尉。卢毓为冀州主簿时，"时天下草创，多逋逃，故重士亡法，罪及妻子。亡士妻白等，始适夫家数日，未与夫相见，大理奏弃市"。⑤ 在曹魏的士家制度下，其家属都是处在国家的严密控制之下的隐性人质。一旦士兵触犯了"士亡法"，其作为人质的家属就会受到惩罚。"鼓吹宋金等在合肥亡逃。旧法，军征士亡，考竟其妻子。太祖患犹不息，更重其刑。金有母妻及二弟皆给官，主者奏尽杀之"。⑥其中的"主者"应该是指大理。

由此可见，人质制度在三国时期的政治军事上主要表现在：高级将领和重臣的家属居住在京师作人质，防止将领反叛；把低级将领和士兵的家属聚居在一处，既可以在京师，也可以在地方，集中管理和监督，以

---

① 《三国志》卷二十二《魏书·陈群附子泰传》，第 638 页。
② 《三国志》卷二十六《魏书·郭淮传》，第 735 页。
③ 黎虎：《汉唐外交制度》，兰州大学出版社 1998 年版，第 178 页。
④ 《三国志》卷二十四《崔林传》，第 680 页。
⑤ 《三国志》卷二十二《卢毓传》，第 650 页。
⑥ 《三国志卷》二十四《魏书·高柔传》，第 684 页。

防止士兵逃亡或反叛,如果士兵逃亡,他们的家属就会受到处死、罚当奴婢等严厉处罚。魏国的人质早期安置在邺城,后来则集中在洛阳。草创时期人质制度较为严格,随着国家机构的逐步完善,人质制度也趋于缓和,魏国和吴国基本都是这种情况。蜀国建立前期,并没有一个固定的统治中心,所以高级将领没有向最高统治者出质的情况,只是高级将领在自己的辖区,把部下将士的家属聚居一处,以便进行控制,如关羽将士的家属集中在南郡。至于吴国,也在草创时期便实行了对将领的质任制度。

四、三国人质制度的专题分析

(一)东吴对将领实行质任制度的相关问题

读高敏先生的《魏晋南北朝兵制研究》,深感对质任制度的探索大有裨益。但在东吴质任制度的一些问题上,觉得与高敏前辈有可商榷之处。

高敏先生认为,由于"孙吴时期的兵士家属是随军居住的",所以"与孙吴无错役制相关联的,是孙吴无曹魏所实行的将领及兵士以其家属为质任的制度"。似乎对将领尤其是兵士的质任制度只存在于错役制中。之后又指出,"到了孙吴末年,为了防止边防将领逃亡敌国,也实行了将领以其妻子为保质的质任制度,但始终未见有兵士实行错役制的记载"。① 认为到孙吴末年才实行质任制度,此观点来源于《三国志·吴书》卷三《孙皓传》注引《搜神记》的一段材料,曰:"吴以草创之国,信不坚固,边屯守将,皆质其妻子,名曰保质。童子少年,以类相与嬉戏者,日有十数"。高敏先生认为,注文系于天纪四年(280年),因此注文的内容也是反映孙吴末年的情形。其实,《搜神记》所言的,是孙休永安二年(259年)的事。注文系于天纪四年(280年),其目的是为了附会吴国灭亡、西晋统一的必然性,注释全文如下:

《搜神记》曰:吴以草创之国,信不坚固,边屯守将,皆质其妻子,名曰保质。童子少年,以类相与嬉游者,日有十数。永安二年三

---

① 高敏:《魏晋南北朝兵制研究》,大象出版社1998年版,第108~109页。

月,有一异儿,长四尺余,年可六七岁,衣青衣,来从群儿戏,诸儿莫之识也。皆问曰:"尔谁家小儿,今日忽来?"答曰:"见尔群戏乐,故来耳。"详而视之,眼有光芒,爚爚外射。诸儿畏之,重问其故。儿乃答曰:"尔恶我乎?我非人也,乃荧惑星也。将有以告尔:三公锄,司马如。"诸儿大惊,或走告大人,大人驰往观之。儿曰:"舍尔去乎。"竦身而跃,即以化矣。仰面视之,若引一匹练以登天。大人来者,犹及见焉,飘飘渐高,有顷而没。时吴政峻急,莫敢宣也。后五年而蜀亡,六年而晋兴,至是而吴灭,司马如矣。①

对此,《晋书》卷28《五行志中》亦有记载:

孙休永安二年,将守质子群聚嬉戏,有异小儿忽来言曰:"三公锄,司马如。"又曰:"我非人,荧惑星也。"言毕上升,仰视若曳一匹练,有顷没。干宝曰:"后四年而蜀亡,六年而魏废,二十一年而吴平。"于是九服归晋。魏与吴蜀并战国,"三公锄,司马如"之谓也。②

可见,至少在孙休永安二年(259年)东吴就已经实行了对边将的质任制度,而非孙吴末年。并且注文中提到"吴以草创之国","草创"一词有初建或者非正统的意思。如果指初建时期,那么孙吴在建国初年就实行了对边防将领的质任制度。下则史料可为佐证,"初,晋宗为戏口将,以众叛如魏,还为蕲春太守,图袭安乐,取其保质。权以为耻忿,因军初罢,六月盛夏,出其不意,诏(贺)齐督糜芳、鲜于丹等袭蕲春,遂生虏宗。"③晋宗在戏口为将,家属作为人质被安置在安乐,而不是在吴国的都城。这意味着吴国边防将领的人质起初是随军队就近安置的。贺齐于建安二十一年(216年)生虏晋宗,说明孙权在建立吴国之前就已经对边将实行了扣押其家属的质任制度。所以,孙吴在建国之前就已经实行了把边屯守将的家属聚居一地的质任制度,建国立都之后才把其家属迁往京师,以加强控制,而非到了东吴末年才实行对边将的质任制

---

① 《三国志》卷四十八《吴书·孙皓传》注引《搜神记》,第1177页。
② 《晋书》卷二十八《五行志中》,第843页。
③ 《三国志》卷六十《吴书·贺齐传》,第1380页。

度。至于东吴对士兵的质任制度是否存在,证据不足,正如高敏先生所言,"孙吴兵户之地位似乎不若曹魏士家之低下",①不敢妄下断言。

(二)从费祎遇刺看人质制度对将领的控制

从人质制度角度,能够对历史上的一些悬案进行更为合理的分析。如三国蜀大将军费祎之死,好像纯属意外,千百年来也没有人提出什么疑问。据《三国志·蜀书·费祎传》载:"(延熙)十六年(253年)岁首大会,魏降人郭循在坐。祎欢饮沈醉,为循手刃所害,谥曰敬侯。"《三国志·蜀书·后主传》亦载:"十六年春正月,大将军费祎为魏降人郭循所杀于汉寿。夏四月,卫将军姜维复率众围南安,不克而还。"此事也惊动了曹魏,嘉平五年(253年)八月,齐王曹芳下诏:"故中郎西平郭修,砥节厉行,秉心不回。乃者蜀将姜维寇钞脩郡,为所执略。往岁伪大将军费祎驱率群众,阴图,道经汉寿,请会众宾,脩于广坐之中手刃击祎,勇过聂政,功逾介子,可谓杀身成仁,释生取义者矣。夫追加褒宠,所以表扬忠义;祚及后胤,所以奖劝将来。其追封脩为长乐乡侯,食邑千户,谥曰威侯;子袭爵,加拜奉车都尉;赐银千饼,绢千匹,以光宠存亡,永垂来世焉。"《魏氏春秋》注:"修字孝先,素有业行,著名西州。姜维劫之,修不为屈。刘禅以为左将军,修欲刺禅而不得亲近,每因庆贺,且拜且前,为禅左右所遏,事辄不克,故杀祎焉。"②对费祎在汉寿被刺杀一事,《华阳国志》和《资治通鉴》也有记载。

《华阳国志》载:"(延熙)十六年春正月朔,魏降人郭循因贺会手刃杀大将军费祎于汉寿,谥曰敬侯。"③

《资治通鉴》卷七十六所记同《蜀书》相似:"春,正月,朔,蜀大将军费与诸将大会于汉寿,郭偱在坐;欢饮沈醉,偱起刺祎,杀之。"④胡三省注曰:"'偱'当做'脩'。"

---

① 高敏:《魏晋南北朝兵制研究》,大象出版社1998年版,第110页。
② 《三国志》卷四,《魏书·三少帝纪》,第126~127页。
③ [晋]常璩撰,顾广圻点校:《华阳国志》,商务印书馆1938年版,第98页。
④ [北宋]司马光:《资治通鉴》,中华书局1956年版,第2401页。

综合以上材料,刺客的名字应为"郭脩","循"因与"修"形近而误。①后人往往把费祎被刺看做是偶发事件,其实,对以上材料稍加分析,我们会发现迷雾重重。

其一,郭脩在投降蜀国后,"刘禅以为左将军",郭脩要杀费祎,其机会很多,不必在大庭广众之下行凶,"修于广坐之中手刃击祎",无异自取灭亡。难道是郭脩同费祎有深仇大恨,抑或是郭脩出于一时冲动顿起杀心?这种可能性不大,一是因为费祎"恣性泛爱,待信新附太过",两人并私仇。二是郭脩亦非一般的亡命徒,而是"素有业行,著名西州"。所以郭脩在光天化日下杀人,并非一时的冲动,而是经过深思熟虑做出的决定。

其二,郭脩是被姜维招纳降服的,费祎之死,姜维至少应负有失察之责,但他并没有在这件事当中受到任何责难。并且,费祎被杀,客观上对姜维有利。姜维于延熙十年(247年)迁卫将军,与大将军费祎共录尚书事,"维自以练西方风俗,兼负其才武,欲诱诸羌、胡以为羽翼,谓自陇以西可断而有也。每欲兴军大举,费祎常裁制不从,与其兵不过万人"。②可见,姜维志在攻魏,占据陇西。但他每当想发起大的军事行动,都受到大将军费祎的牵制。费祎死后,姜维领兵的数量障碍消除了,"十六年春,祎卒。夏,维率数万人出石营,经董亭,围南安,魏雍州刺史陈泰解围至洛门,维粮尽退还。明年,加督中外军事"。③ 领兵的数量从"不过万人"到"数万人",表明姜维军事权力更大。《华阳国志》也提到姜维"至是无祎,屡出师旅,功绩不立,政刑失错矣"。④ 郭脩杀费祎,是否会受到姜维的唆使呢?这种可能是有的。郭脩投降后,"姜维劫之,脩不为屈",郭脩不屈,姜维又不杀之,其间必定有一个长时间的接触。姜维和郭脩都来自凉土,都是来自魏国的降人,郭脩不肯效命蜀国,并不代表他同姜维没有私交。《傅子》曰:"维为人好立功名,阴养死士,不

---

① 刺客的名字,《三国志》中《后主传》和《费祎传》作"郭循",《资治通鉴》卷七十六及《华阳国志》卷七亦作"郭循"。而在《三国志》的其他纪传中均作"郭脩"。由于刺客是魏国人,魏帝还在诏书中表彰,其名字不应有误,所以刺客的名字应为"郭脩"。
② 《三国志》卷四十四,《蜀书·姜维传》,第1064页。
③ 同上。
④ 《华阳国志》,第98页。

修布衣之业。"①恐非虚谈。因此,郭脩极有可能成为姜维的"死士"。

其三,郭脩杀费祎后,受到魏国皇帝的大力表彰。追封郭脩为长乐乡侯,食邑千户,谥曰威侯,儿子袭爵,并加拜奉车都尉。还赐银千饼,绢千匹,以垂来世,这一切恐怕正是郭脩所预想的效果。从《魏氏春秋》所记郭脩曾想刺杀刘禅来看,郭脩有杀人立功的企图。既然杀刘禅没有机会,郭脩如果忠于曹魏,那么他下一个最应该杀掉的人是姜维。因为姜维对魏国的威胁最大,姜维每次出兵,都受到费祎的牵制,杀掉费祎只会促使姜维大力进攻魏国。郭脩杀掉费祎,并不是什么"舍生取义"的壮举。正如裴松之对齐王曹芳诏书的评价:"古之舍生取义者,必有理存焉……且刘禅凡下之主,费祎中才之相,二人存亡,固无关于兴丧。郭脩在魏,西州之男子耳,始获于蜀,既不能抗节不辱,于魏又无食禄之责,不为时主所使,而无故规规然糜身于非所,义无所加,功无所立,可谓'折柳樊圃',其狂也且,此之谓也。"②在裴松之看来,郭脩无义无功,不过是一介狂夫罢了。其实,郭脩既不是舍生取义的壮士,也不是一介狂夫,他的行动背后有更大的难言之隐。

从上述分析来看,郭脩杀死费祎,并非一时的冲动,而是有预谋的行为,并想借此来引起曹魏政权的重视。那么,郭脩行刺的背后动机又是什么呢?郭脩系战败被俘后投降,对于降敌的将士,曹魏是有规定的。早在建安八年(203年)曹操就颁布法令:"司马法'将军死绥',故赵括之母,乞不坐括。是古之将者,军破于外,而家受罪于内也。……其令诸将出征,败军者抵罪,失利者免官爵。"③这是曹操逐步完善各项政令,欲从制度上恢复古代对将领"军破于外,而家受罪于内"的人质制度的开始。其后人质制度日益完善,姜维降蜀后,魏"诸军攻冀,皆得维母妻子,亦以维本无去意,故不没其家,但系保官以延之。"④所以,郭脩降蜀,其家属应被押在保官内作为人质。

人质手段并非曹魏首创,春秋时期就已经出现了用人质手段来控制将士家属的情况,"质宫"就是专门安置人质的地方。在东汉末年军阀

---

① 《三国志》卷四十四,《蜀书·姜维传》注引《魏略》,第1063页。
② 《三国志》卷四,《魏书·三少帝纪》裴注,第127页。
③ 《三国志》卷一,《魏书·武帝纪》,第23页。
④ 《三国志》卷四十四,《蜀书·姜维传》,第1063页。

混战的时候,人质手段被广泛使用。如袁绍被曹操打败于官渡,沮授"为人所执,诣太祖,太祖厚待之。后谋还袁氏,见杀。"裴松之注引《献帝传》云:"授大呼曰:'授不降也,为军所执耳!'太祖与之有旧……太祖曰:'本初无谋,不用君计,今丧乱过纪,国家未定,当相与图之。'授曰:'叔父、母、弟,县命袁氏,若蒙公灵,速死为福。'"①沮授不愿为曹操效命,并以"速死为福",正是由于袁绍采用了人质手段来控制诸将,将领投降,其家属就会受到连累。郭脩的处境同沮授相似,只不过他的野心更大,不仅求死,还想借此立功,荫及家族后代。

有人把费祎的被杀看做是他自身的疏忽。如"(张)嶷初见费祎为大将军,恣性泛爱,待信新附太过,嶷书戒之曰'昔岑彭率师,来歙杖节,咸见害于刺客,今明将军位尊权重,宜鉴前事,少以为警。'后祎果为魏降人郭脩所害。"②其实这是一种误解,郭脩杀死费祎是有预谋的。

因此,费祎之死绝非偶然,在曹魏对将领的人质手段下,郭脩既不敢同蜀国合作,同时还要寻找立功的机会,以表白自己对曹魏的忠心,为了家族私利,他所要做的就是要造成轰动,引起曹魏政权的重视。这一点正好被野心勃勃的姜维利用,郭脩在实施刺杀计划前,很可能受到了姜维的唆使。但长期以来,时人和后人并没有意识到这是一起精心策划的谋杀,反以为那是由于费祎的个人疏忽所导致的意外事件。

---

① 《三国志》卷六《魏书·袁绍传》,第199~200页。
② 《三国志》卷四十三《蜀书·张嶷传》,第1053页。

第四章　两晋十六国时期的人质

第一节　两晋十六国时期的人质事件

晋代人质事件有接纳归降者、向外族出质和因国内战乱出现的人质等几类情况。咸宁初,羌阜树机能等叛,朝廷遣众讨之,平叛后,"(树)机能乃遣所领二十部及弹勃面缚军门,各遣入质子。安定、北地、金城诸胡吉轲罗、侯金多及北房热冏等二十万口又来降"。① 可见,少数民族归附后,必须遣送人质。尽管文中并没有明确提到安定诸胡来降时遣送了人质,但可以推测,既然归降,遣送人质是必需的。西晋末年,国力衰微,也出现了晋朝将领向少数民族出质的现象。刘琨为了获得鲜卑人的帮助,刘渊大汉三年(306年)送长子刘遵到代国当人质。"三年,晋并州刺史刘琨遣使,以子遵为质"。② 在鲜卑兵的帮助下,大破叛乱的

---

①　《晋书》卷三十八《扶风王骏传》,第1125页。
②　[北齐]魏收:《魏书》卷一《序纪》,中华书局1974年版(本书《魏书》引文均属此版本),第7页。

白部和铁弗刘虎。代国六脩之乱,质子刘遵同卫雄、姬澹等率乌丸、晋人数万众叛归刘琨。① 西晋末年张昌叛乱时,欲以身为尚书令的郭贞为尚书郎,郭贞遁逃不出,结果张昌把郭贞的妻子扣为人质:"尚书令史郭贞,张昌以为尚书郎,欲访以朝议,遁逃不出,昌质其妻子,避之弥远。"② 陈敏叛乱时,刘弘以陶侃为前锋都督讨伐陈敏。由于陶侃与陈敏同郡,为避嫌疑,陶侃遣子及兄子为质,刘弘不纳人质,表示对陶侃的信任。

东晋初年祖逖北伐时,各个坞堡为了保全自己,往往向比较强大的政权送人质表示归附。祖逖为了得到他们的拥戴,听任诸坞堡主送质于胡人:"河上堡固先有任子在胡者,皆听两属,时遣游军伪抄之,明其未附。诸坞主感戴,胡中有异谋,辄密以闻。前后克获,亦由此也。"③ 边镇的官吏也要向中央遣质,晋元帝永昌元年(322年),"宁州刺史王逊遣子澄入质,将渝、濮杂夷数百人"。④ 还有少数民族归附的事件,羌帅姚襄归降东晋,"晋处襄于谯城,遣五弟为任"。⑤ 中军将军、扬州刺史殷浩忌姚襄威名,借姚襄诸弟为质的优势,多次派刺客谋杀姚襄,刺客反而推诚向姚襄坦白,可见姚襄甚得民心。殷浩数次派兵攻打姚襄都被击败,又使将军刘启守谯,迁姚襄于梁国蠡台,上表授姚襄为梁国内史。殷浩北伐时,姚襄于山桑拦击,晋军损失惨重。随后姚襄率众北还,摆脱了晋的束缚。东晋虽然控制了姚襄的人质,但由于姚襄握有强大的军队,再加上殷浩不能善待,东晋终究未能控制姚襄,以致酿成祸患。东晋后期,朱序在太行大败慕容永,在湖陕拥有数千人队伍的杨楷遣任子向朱序乞降。⑥

---

① 《魏书》卷二十三《卫雄姬澹传》,第602~603页。
② 《晋书》卷六十六《刘弘传》,第1765页。
③ 《晋书》卷六十二《祖逖传》,第1696页。
④ [南朝梁]沈约撰:《宋书》卷三十一《五行二》,中华书局1974年版(本书《宋书》引文均属此版本),第2962页。
⑤ 《晋书》卷一百一十六《姚襄载记》,第2962页。关于姚襄遣质归晋,《晋书》卷七十七《殷浩传》第2046页及《资治通鉴》卷九十九第3124页亦有记载。《通鉴》载"襄遂帅众归晋,送其五弟为质",与《姚襄载记》所载相同。《殷浩传》却载"羌帅姚襄率众归化,遣其母弟入质京师",尽管记载有分歧,但补充了晋书漏记的人质遣送地点。
⑥ 《晋书》卷八十一《朱序传》,第2134页。

两晋时期也有战乱,此时人质事件同样有所表现。东晋桓玄、殷仲堪和杨佺期为了联合对抗朝廷,可是又互相怀疑,他们便以子弟交质并结盟。① 之后桓玄进攻殷仲堪,殷仲堪执桓玄兄桓伟为质。②

两晋也不乏劫持人质的现象,西晋末年八王之乱时,惠帝多次被大臣们劫持为人质,"及成都王颖劫迁惠帝幸邺,颖为王浚所破,帝遂播越"。③ 永兴元年(304 年),张方"因劫帝幸长安"。④ 西晋末,刘曜曾"乘虚深寇,劫质羌胡,攻没北地"。⑤ 利用劫持羌胡人质的手段来发动战争。

东晋钱璯谋反,他"劫孙晧子充,立为吴王,既而杀之"。⑥ 苏峻祖约叛乱时,祖约的部下"劫约姊及嫂奔于石勒"。⑦ 东晋时期,皇帝也屡次遭到劫持。咸和二年(327 年),苏峻反,攻宫室,太后以忧逼崩,"天子幽劫于石头,远近兵乱,至四年乃息"。⑧ 元兴三年(404 年),"桓玄劫帝如江陵","桓振又攻没江陵,幽劫天子"。⑨

晋代对用劫持人质的手段来掠取钱财的犯罪行为处罚很重。《晋书·刑法志》:"《盗律》有劫略、恐猲、和卖买人,科有持质,皆非盗事,故分以为《劫略律》。"其中"劫召其财为持质",可见此处的"持质"并非单纯的劫持人质之意。

总的说来,晋朝的人质现象并不突出,具体的人质事件也较少出现,这与西晋的短期统一和东晋的战乱较少以及门阀政治的确立有关。比较而言,北方十六国的人质事件却比较多,同样与频繁的战乱有关。

十六国时期,各少数民族纷纷建立自己的政权,逐鹿不止。伴随战争出现的每一次征服,弱小的势力都会归附,而归附的一个步骤就是遣送人质。军事处于劣势的一方为了求得救兵,也往往向强大的势力遣

---

① 《晋书》卷八十四《殷仲堪传》,第 2199 页。
② 《晋书》卷九十九《桓玄传》,第 2589 页。
③ 《晋书》卷六十《索靖传附子綝传》,第 1650 页。
④ 《晋书》卷四《孝惠帝纪》,第 103 页。
⑤ 《晋书》卷八十六《张轨传附子寔传》,第 2228 页。
⑥ 《晋书》卷五十八《周处传附子玘传》,第 1573 页。
⑦ 《晋书》卷九十五《艺术传·戴洋传》,第 2473 页。
⑧ 《宋书》卷二十四《天文志二》,第 707 页。
⑨ 《宋书》卷二十五《天文志三》,第 730 页。

送人质。匈奴刘曜占据长安后,"安定太守贾疋及诸氐羌皆送质任"。①后来护军麴允、频阳令梁肃在阴密遇到贾疋的任子,便"拥还临泾,推疋为平南将军,率众五万,攻曜于长安"。后来刘曜进攻李矩于荥阳,又在成皋覆灭了李矩部将李平所率的军队,"矩恐,送质请降"。② 刘曜占领陇城和上邽后"徙秦州大姓杨、姜诸族千余户于长安。氐羌悉下,并送质任"。③ 石勒攻梁巨于武德,害梁巨,坑杀降卒万余,晋怀帝派去的救兵退还,"河北诸堡壁大震,皆请降送任于勒"。④

成汉也有关于人质的苦涩经历。当李特与罗尚相持,攻陷成都小城后,由于军中粮少,李特让部众到各坞堡就食,李流劝李特"宜录州郡大姓子弟以为质任,送付广汉,縈之二营,收集猛锐,严为防卫"。多次上书都没被采纳。晋惠帝太安二年(303年),罗尚大军掩袭李特,李特战死后,"蜀人多叛"。如果李特采纳李流的建议,用人质手段控制蜀郡大姓子弟,他们也不会轻易反叛。看到队伍损失重大,宗岱、孙阜大军逼近,李流决定投降,"遣子世及含子胡质于阜军"。⑤ 幸赖李雄、李离果断进攻罗尚,才避免了投降失败的命运,之后李雄建立了成汉政权。李雄在位期间,氐王杨难敌兄弟为刘曜所破,逃到葭萌,遣子入质于成汉。扬难敌送质请附,是为刘曜所逼,李雄兄李荡之子李稚却厚抚扬难敌兄弟,纵他们还武都。难敌遂恃险不服,当李稚等前去镇压时,反被打败,死伤数千,李稚、李琀战死。李雄非常难过,"不食者数日,言则流涕,深自咎责焉"。⑥ 这痛苦的经历足以让李雄明白一个道理:单靠人质手段和自己的诚意是控制不住野心家的。

在十六国时期,最善于利用人质的少数民族首领是石勒。他不仅把控制人质作为一种征服的手段,更高明的是他把人质作为一种军事外交的手段进行运用。永嘉六年(312年),王浚遣都护王昌及鲜卑段部就六眷等率五万余众讨伐石勒,石勒利用设置突门的战术生擒了段部最强的部众首领末柸。就六眷遣使求和,送铠马金银,并以末柸三弟为质

---

① 《晋书》卷一百零二《刘聪载记》,第2659页。
② 同上,第2668页。
③ 《晋书》卷一百零三《刘曜载记》,第2694页。
④ 《晋书》卷一百零四《石勒载记上》,第2711页。
⑤ 《晋书》卷一百二十《李流载记》,第2029~3030页。
⑥ 《晋书》卷一百二十一《李雄载记》,第3038页。

请换末柸。石勒部将主张杀掉末柸以挫败鲜卑的士气,石勒却说:"辽西鲜卑,健国也,与我素无怨雠,为王浚所使耳。今杀一人,结怨一国,非计也。放之必悦,不复为王浚用矣。"他答应了就六眷的要求,还派儿子石虎与就六眷在渚阳会盟,结为兄弟,就六眷等引兵而还。石勒运用人质手段,不仅成功地拆散了鲜卑同王浚的联盟,还与鲜卑达成了妥协,为下一步平灭王浚作了外交上的准备。"末柸感勒厚恩,在途日南面而拜者三,段氏遂专心归附,自是王浚威势渐衰"。① 不过后来还有一段插曲,建兴元年(313年),作为人质的段末柸弟逃归辽西,石勒大怒,"所经令尉皆杀之",可见人质逃跑责任重大。要进攻王浚,石勒还必须解决刘琨这个后患。为此,石勒的谋士张宾提出了一个以人质手段为主的谋略:"刘琨、王浚虽同名晋藩,其实仇敌。若修笺于琨,送质请和,琨必欣于得我,喜于浚灭,终不救浚而袭我也。"石勒遣张虑致信刘琨,"陈己过深重,求讨浚以自效"。② 刘琨向来惧王浚为患,没有识破石勒的计谋,遂接受人质,与石勒通好。在致书刘琨的同时,石勒秘密行军,以轻骑袭幽州,军队到达易水,兵临城下时,王浚还蒙在鼓里。石勒轻易地平灭了王浚,送首与刘聪。如果不是通过人质外交拆散刘琨与王浚的联盟,石勒不会如此顺利的灭掉王浚。

但人质手段只是权宜之计,徐龛送质于石勒就是为了免除一时的军事压力而乞降。大兴二年(319年),石勒使石季龙"率步骑四万讨徐龛,龛遣长史刘霄诣勒乞降,送妻子为质,纳之"。看到徐龛并非真心归降,石勒派石季龙再次进攻徐龛,攻陷后将徐龛残杀,并坑杀降卒三千。晋琅邪内史孙默以琅邪叛降于石勒,此时"徐兖间垒壁多送任请降,皆就拜守宰"。③

后赵强大之时,归附各国都要遣送人质,咸和四年(329年),拓跋翳槐被立为代王,他"遣其弟什翼犍质于赵以请和",以寻求后赵对其政权的支持。④ 拓跋翳槐去世后"群臣咸以新有大故,内外未安,昭成在南,来未可果,比至之间,恐生变诈,宜立长君以镇众望。次弟屈,刚猛多

---

① 《晋书》卷一百零四《石勒载记上》,第2718~2719页。
② 同上,第2723页。
③ 《晋书》卷一百零五《石勒载记下》,第2740页。
④ 《资治通鉴》卷九十四,第2973页。

变,不如孤之宽和柔顺,于是大人梁盖等杀屈,共推孤。孤曰:'吾兄居长,自应继位,我安可越次而处大业。'乃自诣鄴奉迎,请身留为质。石虎义而从之。昭成即位,乃分国半部以与之"。① 高凉王孤不争王位,反而主动到后赵当人质换回兄长昭成,显示了高尚的品德修养,竟然把石虎这样残暴的君主都感动了。什翼犍于338年即位,国号建国。② 此前,什翼犍在后赵当了十年人质。后赵到了石祗时,内讧不断,石祗派刘显率众七万攻鄴。冉闵大败刘显军,斩首三万。刘显请降,求杀石祗自效。后刘显果杀祗及其太宰赵鹿等十余人,传首于鄴,送质请命。③

后赵之外,前燕也是一个人质控制大国。咸康八年(342年),慕容皝打败高丽王钊,慕舆泥追获其母周氏及妻,并载高丽王父亲的尸首而还。第二年,"高句丽王钊遣其弟称臣入朝于燕,贡珍异以千数。燕王皝乃还其父尸,犹留其母为质"。④十多年后,晋穆帝永和十一年(355年)十二月,高丽王钊"遣使诣燕,纳质修贡,以请其母。燕主俊许之,遣殿中将军刁龛送钊母周氏归其国;以钊为征东大将军、营州刺史,封乐浪公,王如故"。⑤前燕利用人质手段,使高丽变为自己的臣服国。高丽王的钊母亲被释放后,高丽在前燕仍有人质做抵押。370年,苻坚灭前燕的战役中,"散骑侍郎徐蔚等率扶余、高句丽及上党质子五百余人,夜开城门以纳坚军"。⑥ 从这段史料可以得到以下几点信息:其一,扶余、高句丽都是臣服于前燕的,上党质子应为当地归附于前燕的汉族大姓和少数民族首领派遣的。其二,当时仅和龙城内的质子就有500多人,在前燕的质子总数恐怕远不止此,可见遣送人质的普遍和规模之大。其三,质子在有些时候可以既可以发挥意想不到的作用,他们被受质方作为控制归降者的工具,同时又在一定的情况下对掌握自己命运的人构成某种威胁。他们帮助苻坚,虽对前燕的灭亡不能起到决定作用,但在客观上毕竟发挥了主动性的一面。

---

① 《魏书》卷十四《列传第二·高凉王孤》,第349页。
② 李崇智:《中国历代年号考》,中华书局2001年版,第68页。
③ 《晋书》卷一百零七《石季龙下》,第2795页。
④ 《资治通鉴》卷九十七,第3053页。
⑤ 《资治通鉴》卷一百,第3150~3151页。
⑥ 《晋书》卷一百一十一《慕容暐载记》,第2858页。《资治通鉴》卷一百零二,第3236页亦载。

淝水之战后,前秦统治下的各族纷纷反叛,建立起自己的政权。后秦因其强大而成为一个主要的人质控制国。姚硕德连败扬盛,扬盛请降,遣其子扬难当及僚佐子弟数十人为质,硕德等退还,署扬盛征南大将军等名号。① 后秦强盛之时,向姚硕德送质请降的还有焦朗,吕隆等。焦朗遣妻子为质请降是为了作后秦内应,引后秦进攻后凉。在南凉、北凉的交相攻逼和后秦的军事进攻下,后凉吕隆于晋元兴二年(403年)向后秦请降,但直到吕隆"遣母弟爱子文武旧臣慕容筑、杨颖、史难、阎松等五十余家质于长安"②后,姚硕德才引军退还。由于吕隆是举国投降,所以人质的份量也格外重,充当人质的竟有50多家,这也是后秦防止后凉东山再起的举措。既然明言人质,这50家跟一般的迁徙不同,他们的自由更小,处于后秦的监控之下。外交方面,后秦姚兴曾以人质要挟慕容超。慕容超的母亲和妻子在长安时,被姚兴拘为人质。姚兴以人质要挟慕容超:"责超称藩,求太乐诸伎,若不可,使送吴口千人。"③慕容超与群臣商议,最终决定向后秦称藩,并送太乐伎120人于姚兴,姚兴归还慕容超母妻。看来慕容超为人质付出的代价是不小的,这也许是由于慕容超在当南燕国国君之前,与自己的母亲妻子屡经磨难,感情深厚有关。可是,他为了自己的小家庭团圆,不惜向后秦称藩,这无疑是外交上的一步失着。

　　十六国后期崛起的后燕也是一个强国,在人质问题上也多处于操纵者地位。慕容冲与苻坚在长安相攻时,姚襄子姚苌欲西上发展,但又怕慕容冲截击,便遣使通和,"以子崇为质于冲,进屯北地,厉兵积粟,以观时变。"④ 姚苌向慕容冲送质,不是为了归附,而是为了向慕容氏求和,以便日后图谋大业。这也是一种人质外交,送人质是表示诚意的最好方式。后燕慕容垂晚年,在人质外交上却犯了一个愚蠢的错误。391年,"魏王珪遣其弟觚献见于燕,燕主垂衰老,子弟用事,留觚以求良马。魏王珪弗与,遂与燕绝,使长史张衮求好于西燕。觚逃归,燕太子宝追获之,垂待之如初"。⑤ 为求良马竟然对强大的盟国采用人质手段,其结

---

① 《晋书》卷一百一十七《姚兴载记》,第2985页。
② 《晋书》卷一百二十二《吕隆载记》,第3070页。
③ 《晋书》卷一百二十八《慕容超载纪》,第3178页。
④ 《晋书》卷一百一十六《姚苌载记》,第2966页。
⑤ 《资治通鉴》卷一百零七,第3400页。

果,后燕不仅去了北魏这样一个盟友,还反目成仇。最终后燕为北魏所灭,小事酿成了大祸。

太元十四年(389年)后,苻登的部将没奕于遣使与乞伏乾归结好,"以二子为质,请讨鲜卑大兜国"。乞伏乾归与没奕于攻陷大兜的安阳城,在与后凉吕宝的战斗中,先败后胜,吕宝及其将士战死万余人。吕光一怒之下,率众十万准备讨伐乾归。乾归的部下左辅密贵周和左卫莫者羖劝乾归遣质退敌,乾归于是向吕光称藩,"遣子敕勃为质"。但是不久乾归后悔送人质,转而诛杀贵周等人。之后,乞伏乾归讨伐吐谷浑,吐谷浑视罴逃到白兰山,"遣使谢罪,贡其方物,以子宕岂为质"。①乞伏乾归战败时也使用了人质手段来脱身,乾归计划叛逃归后秦,但又怕被利鹿孤所害,就送儿子乞伏炽磐和妻子到西平为利鹿孤人质,结果顺利的逃归姚兴,乞伏炽磐后来也逃出西平归后秦。乞伏乾归是一个反复无常的人,他最初被姚兴打败,投降了利鹿孤,以子谦和乞伏炽磐为人质。利鹿孤的镇北将军俱延曾经劝利鹿孤把乞伏乾归迁到乙弗之间,防止乾归叛逃。利鹿孤为了表示对归降者的信任,没有听从,待乾归叛逃时,再追已迟。②看来仅有人质手段是不够的。乞伏炽磐逃往后秦时,被利鹿孤派的骑兵追获,利鹿孤将要杀他,在秃发傉檀建议下才赦免了他。③

在傉檀与蒙逊的争斗中,傉檀屡屡被迫以人质作为退兵的手段,蒙逊进攻姑臧时,傉檀遣使请和,遣司隶校尉敬归及子他为质,质子企图逃归,被追兵捉获。蒙逊进攻乐都时,历时三旬都未能攻克,遣使对傉檀说:"若以宠子为质,我当还师。"傉檀认为蒙逊无信,不送人质。"蒙逊怒,筑室返耕,为持久之计。群臣固请,乃以子安周为质。蒙逊引归"。此后傉檀伺机进攻蒙逊,结果反为所败,蒙逊又一次兵临乐都城下。这次"以子染干为质,蒙逊乃归"。蒙逊再次讨伐傉檀,这次傉檀以

---

① 《晋书》卷一百二十五《乞伏乾归载记》,第3116～3119页。
② 《晋书》卷一百二十六《秃发利鹿孤载记》,第3145页。
③ 《晋书》卷一百二十六《秃发傉檀载纪》,第3148页。

太尉俱延为人质,蒙逊才退兵。① 傉檀的儿子虎台也曾经被乞伏炽磐俘为人质,"神瑞初,傉檀率骑击乙弗虏,大有擒获,而乞伏炽磐乘虚袭乐都克之,执傉檀子虎台以下"。② 傉檀一再向蒙逊纳人质,几个儿子都先后做了人质,以至于用大臣为人质。这样做只能缓解一时的军事压力,国力逐渐衰落下去,傉檀在逃归乞伏炽磐后被杀。蒙逊也有出人质的经历,蒙逊永安元年(401年),吕隆向姚兴称臣请降,同时蒙逊也向姚兴称藩。永安三年,吕隆不堪蒙逊和傉檀的一再进攻,便派弟吕超请姚兴迎接,七月,姚兴遣大将齐难迎吕隆,吕隆劝齐难讨伐蒙逊,蒙逊获悉,就"遣弟为质,献宝货于难,乃止"。③ 这是怕招来军事进攻,提前以人质外交来平息潜在的危险。

第二节　两晋十六国时期的人质制度

一、西晋的人质制度

随着西晋的统一和政局的稳定,西晋的人质现象主要表现为逐步放宽对人质的控制,晋武帝咸宁年间的两次罢除将领质任,以及晋成帝咸和年间的罢除诸将任子的制度,这实际上是废除了部将的质任制度。

西晋建立后,蜀国已被吞并。280年,西晋又一举灭吴,统一了全国。在统一的政权下,国家可以凭借政权的力量,使用国家暴力机构对人民进行有效的控制,而不必再采用人质这种落后野蛮的手段来控制人民,保证下级服从。正是由于对人质的利用没有过去那么迫切,所以

---

① 《晋书》卷一百二十六《秃发傉檀载纪》,第3154~3155页。《晋书》傉檀"以子安周为质"的记载错误,人质应为"保周"。安周是沮渠蒙逊的儿子。《魏书》卷九十九《鲜卑秃发乌孤传附弟傉檀传》第2201页载"傉檀以子保周为质于蒙逊,蒙逊乃还。"《魏书》卷四上《世祖太武帝纪》第79页载:(神麚四年)"八月乙酉,沮渠蒙逊遣子安周入侍。"同卷第82页又载:"是年(延和元年),秃发傉檀子保周弃沮渠蒙逊来奔,以保周为张掖公。"《资治通鉴》卷一百一十六,第3644页作"安周",亦误。

② 《魏书》卷九十九《鲜卑秃发乌孤附弟傉檀传》,第2201页。

③ 《宋书》卷九十八《氐胡传》,第2413页。

西晋初年屡次释放人质,力图缓和中央和地方的矛盾,使国家政局走上稳定的轨道。泰始元年和咸宁五年的两次大规模罢除质任就是明显的例证。泰始元年(265年)冬十二月"罢部曲将长吏以下质任"。咸宁五年(279年)"大赦,降除部曲督以下质任"。①

由此我们可以得出如下结论:西晋的质任制度虽不如三国时期普遍,但这种制度始终没有废除。西晋罢将吏质任并不是同时进行的,而是根据出质将吏的地位高低逐步"解冻",地位越低的将吏,其质任就罢除得早,地位高的将吏,其质任就罢除得晚些。仍举泰始元年和咸宁五年两次罢除将吏质任为例,部曲将长吏是最基层军官,②较部曲督的地位低,③所以在泰始元年(265年)罢除部曲长吏质任十四年之后的咸宁五年(279),才有条件地"降除部曲督以下质任"。一个"降"字说明,质任制度虽逐步放宽,但并没有完全废除,而且这次罢除的仍然是地方将领的质任。再则,即便是这两次慷慨的罢除质任,也不是毫无背景的。早在西晋建立之前,司马氏就已经牢牢控制了朝政,不怕将吏叛乱。西晋建立是篡夺了曹魏的江山,不是那么光明正大,朝野不乏忠于曹魏的志士,司马炎为此采取了一系列的措施,实行"惠政"以缓和朝野的抵触情绪,稳固统治。《资治通鉴》卷七十九亦载,泰始元年十二月"诏除魏宗室禁锢,罢部曲将及长吏质任"。④ 在罢除部曲将及长吏以下质任的同时解除魏宗室的禁锢,其用意也在稳定社会秩序。这便是泰始元年罢除质任的政治背景。至于咸宁五年的大赦和降除部曲督以下质任。也不是毫无根据的,正是在这一年,西晋出兵伐吴。关乎统一天下的大局,西晋政府需要创造一个稳定的后方,以集中精力平灭吴国。从中也可以得到这样一个信息,质任制度日益引起将士们的反感,有限度地废除质任能调动将士作战的积极性。尽管晋武帝两次罢除部曲督以下将领的质任,并没有罢除高级将领的质任,终西晋一朝都是如此,东晋成帝咸和五年(330年)罢除诸将质任的诏书可为佐证:"春正月己亥,大

---

① 《晋书》卷三《武帝纪》,第53页、第70页。
② 参考陶新华:《魏晋南朝地方武职官的法律制度》,《杭州师范学院学报》1999年第5期,载"部曲将的主要职责就是负责对军队的基层监督"。
③ 王人聪:《部曲将与部曲督印考》,《故宫博物院院刊》1999年第1期,载"部曲将如不止一人,则在部曲将之上又设部曲督,总领个部曲将"。
④ 《资治通鉴》卷七十九,第2493~2494页。

赦。癸亥,诏除诸将任子。"①胡三省注:"诸将征戍及长吏任州郡者,皆留质任于京师,今亦罢之。"因为东晋成帝罢除诸将质任以前,诸将纳任子的质任制度一直存在。除了诸将纳任子的制度外,西晋对外族的质任制度也没有废除。咸宁五年(279年)羌族首领树机能等叛,朝廷遣众讨之,平叛后,树机能"乃遣所领二十部及弹勃面缚军门,各遣入质子。安定、北地、金城诸胡吉轲罗、侯金多及北房热冏等二十万口又来降"。②可见,少数民族归附后,必须遣送人质。尽管文中并没有明确提到安定诸胡来降时遣送了人质,但可以推测,既然归降,遣送人质是必须的。从匈奴贵族刘渊在洛阳为质任也可以看出,③从魏末到西晋八王之乱前,刘渊一直在洛阳为人质。

二、东晋的人质制度

东晋是在世家大族的拥戴下建立起来的偏安政权,王与马共天下的局面已经使皇权受到极大削弱。皇室对将领的控制力不从心,到晋成帝咸和五年(330年),终于废除了诸将任子的制度。这次废除将领的质任,包含着几多无奈和必然。早在324到325年,王敦的叛乱搞得晋明帝焦头烂额,这是对质任制度的致命挑战,质任制度因不能控制野心膨胀的权臣而名存实亡。平定王敦后,明帝也心力交瘁地死去。325年即位时的晋成帝年纪尚幼,紧接着在327年又爆发了苏峻祖约的叛乱,叛军不仅攻破了建康,而且造成了极大的破坏。叛乱于329年被平定后,庾亮以帝舅的身份执掌实权。苏峻叛乱,与庾亮的失误有很大关系。为了消弭政治上对自己不利的因素,庾亮采取了一些邀买人心的措施,其中罢诸将任子必然也是他的杰作。所以,晋成帝时罢除诸将任子的原因正是由于皇室衰微,大将专权,质任制度的推行受到严重阻碍的缘故。加之门阀政治的形成和固化,不少权臣大将都是士族阶层,他们与皇帝平分秋色,甚至可以干预皇帝的废立,不可能向皇帝出质。在这种情况下,东晋质任制度的对象只得转移了。

---

① 《晋书》卷七《成帝纪》,第175页。
② 《晋书》卷三十八《扶风王骏传》,第1125页。
③ 《晋书》卷一百零一《刘元海载记》:"咸熙中,为任子在洛阳,文帝深待之。"第2646页。

在废除对将领质任制度之后,东晋人质制度的对象转向以百姓和普通士兵为主。东晋官府对百姓实行以家属为人质制止逃亡反叛的连坐制,殷仲堪"领晋陵太守,居郡禁产子不举,久丧不葬,录父母以质亡叛者,所下条教甚有义理"。① 东晋时期,百姓为了逃避赋役,常常逃亡;士兵逃亡、参与叛乱的事情也经常发生,前述王敦造反以及后来的苏峻和祖约的叛乱,一些参与叛乱的士兵家属不可避免地会受到牵连。地方统治者便采取"录父母以质亡叛者"的手段来控制。殷仲堪禁止这种做法,表明这种把兵士或逃避赋役者的父母作为人质以防止亡叛的做法在当时不是个别现象,而是很普遍地滥用。录质亡叛者家属未必是上级统一规定的政策,但由于社会背景是一样的,所以其他郡也可能实行了"录父母以质亡叛者"的制度,所以这也可算作是地方人质制度一种,同时也表明曹魏以来的士家制度余波尚存。义熙八年(412年),刘裕下书中提到"原五岁刑已下,凡所质录贼家余口,亦悉原放"。② 表明实行拘押反叛兵士家属的人质制度到东晋末年仍很普遍。

　　同时,东晋士兵的家属仍然作为人质集中居住,处于将领的控制之下。其中殷仲堪蔡州兵士家属就集中居住在江陵。隆安二年(398年),东晋朝廷授桓玄为江州刺史,令杨佺期代郗恢为都督梁、雍、秦三州诸军事、雍州刺史,同时黜仲堪为广州刺史。企图以此离间桓玄、杨佺期与殷仲堪的关系。魔高一尺,道高一丈,殷仲堪愤然以解散军队相威胁。他"遣使告谕蔡洲军士曰:'汝辈不各自散归,吾至江陵,尽诛汝余口。'"③ 离不开军队支持的桓玄、杨佺期不得不与殷仲堪交质结盟,反而使朝廷拿他们没有办法。殷仲堪之所以能使出这个杀手锏,一个有利的条件就是士兵的家属作为人质集中居住,他能够操纵士兵的命运。

　　此外,对外族的人质手段仍然在实行,东晋继承前代,少数民族归附必须送人质。桓温在弹劾殷浩的上疏中提到,姚襄归附,遣其母弟为质,殷浩不能"抚而用之,阴图杀害",结果酿成祸乱。

　　由此可见,尽管晋代的质任制度有日渐衰落的趋势,西晋至东晋初期仍实行了高级将领出任子的质任制度,直到330年废除质任制度为

---

① 《晋书》卷八十四《殷仲堪传》,2194页。
② 《宋书》卷二《武帝纪中》,第28页。
③ 《资治通鉴》卷一百一十,第3481页。

止;对将领的质任制度废除后,把士兵家属集中聚居的人质制度并没有废除;仍然把人质手段用于连坐制度对百姓进行控制;归降的少数民族必须纳质的人质制度也没有废除。

三、十六国时期的人质制度

从史料分析,十六国时期的人质制度有以下两个特点:

(一)归降人质占主导地位,大规模遣送人质的事件经常发生

十六国时期,战乱频繁发生,伴随着每一次的军事征服,总会有数量可观的归附者接踵而至。归降就要纳质,这也是当时一个不成文的惯例。以下是史书所见的几则有代表性的大规模遣质的材料。

永嘉五年(311年),"时安定太守贾疋与诸氐、羌皆送任子于汉,(索)綝等遇之于阴密,拥还临泾,与疋谋兴复晋室,疋从之"。①

西晋末年,"王师退还,河北诸堡壁大震,皆请降送任于勒"。②

"琅邪内史孙默以琅邪叛降于勒。徐兖间垒壁多送任请降,皆就拜守宰"。③

太宁元年(323年),刘曜"徙秦州大姓杨、姜诸族二千余户于长安。氐羌悉下,并送质任"。④

后凉吕隆向后秦投降时,"遣母弟爱子文武旧臣慕容筑、杨颖、史难、阎松等五十余家质于长安"。⑤

据上述材料,十六国大规模遣质有以下几种情况:一是弱小而不能掌控自己命运的氐、羌等少数民族,他们要生存,必须依附于一个强大的势力做靠山。当旧的靠山倒了,他们就向新的作为靠山的政权送质。二是针对被征服国的大族。作为征服者,诸如十六国前期的刘汉、前赵、后赵、前燕以及十六国后期的后秦、后燕等政权,为了控制一方,在用军事手段征服以后,他们就把当地有影响的大族要么直接迁往自己的统治中心做人质,或者要他们出质。这样做是为了防止大族煽动当

---

① 《资治通鉴》卷八十七,第2770页。
② 《晋书》卷一百零四《石勒载纪上》,第2711页。
③ 《晋书》卷一百零五《石勒载纪下》,第2740页。
④ 《晋书》卷一百零三《刘曜载纪》,第2694页。
⑤ 《晋书》卷一百二十二《吕隆载记》,第3070页。

地的民众叛乱,以有利于控制被征服地的人民。

另外,臣服国必须送人质,仍是一个外交惯例。代国早在拓跋翳槐时就开始臣服于后赵,329年翳槐的弟弟什翼犍到后赵为人质。338年什翼犍即位时,是以其弟高凉王拓跋孤到后赵做人质作为交换的。

(二)几个强大的政权成为接纳人质的主体,应该有专门安置人质的机构

十六国前期的后赵、前燕以及后期的后秦、后燕都是实力强大的政权,他们在割据混战过程中,分别成为人质控制的主体。后赵在中央和地方都有安置人质的地方,地方人质安置在襄国崇仁里。太兴三年(320年)八月"后赵王勒遣中山公虎帅步骑四万击徐龛,龛送妻子为质,乞降,勒许之。蔡豹屯下城,石虎将击之,豹退守下邳,为徐龛所败。虎引兵城封丘而旋,徙士族三百家置襄国崇仁里,置公族大夫以领之"。① 崇仁里大概就是后赵集中安置大姓人质的地方。对于重要的人质,比如臣服国的人质,主要安置在都城。代国什翼犍和拓跋孤在后赵做人质,都是被安置在邺都。前燕也应有专门安置人质的机构。苻坚灭前燕的战役中,"散骑侍郎徐蔚等率扶余、高句丽及上党质子五百余人,夜开城门以纳坚军"。② 从这段史料可以得知,扶余、高句丽、上党三地之质子应为当地归附于前燕的汉族和少数民族首领派遣的。这些质子可能集中居住,如果分散居住的话,既不利于管理,他们反叛时也不会轻易得手。并且要安置这么多的人质,前燕必然有一个类似质宫或者保官的专区和管理机构,只是在史书中尚未发现具体的例证。对于外交人质的安置,前秦王苻健非常重视,为此他专门设立了客馆。永和十年(354年)"其年,西羌乞没军邪遣子入侍,健于是置来宾馆于平朔门以怀远人"。③ 前秦的来宾馆既是专门安置侍子的地方,也在一定程度上具有外交馆舍的性质。至于十六国后期,后秦是一个人质控制大国,其人质多安置在长安,如后凉吕隆于晋元兴二年(403年)向后秦请

---

① 《资治通鉴》卷九十一,第2883页。胡三省注释:"崇仁里,勒所命名,以处衣冠之族。"崇仁里就是后赵集中安置被征服士族的地方,他们其实是处在后赵控制下的人质。

② 《晋书》卷一百一十一《慕容暐载记》,第2858页。《资治通鉴》卷102第3236页亦载,质子们"开邺北门纳秦兵"。

③ 《晋书》卷一百一十二《苻健载记》,第2871页。

降,"遣母弟爱子文武旧臣慕容筑、杨颖、史难、阎松等五十余家质于长安"。① 后秦把投降后的吕隆旧臣 50 余家迁到长安,并明言他们的人质身份。这些充当人质的 50 余家必然处在后秦的监控之下,并有专门的安置地点。除此以外还会有其他数量可观的人质,有专门管理这些人质的机构应是正常的。

---

① 《晋书》卷一百二十二《吕隆载记》,第 3070 页。

第五章　南北朝时期的人质

第一节　南北朝的人质事件

刘宋时期具体的人质事件较少发生,但人质现象依然存在。刘宋初年刘敬宣等人谋反时,曾渡江与司马休之、高雅之等"各以子弟为质,求救于姚兴"。① 汉族向少数民族出质的情况早在西晋末年就出现了,目的都是为了寻求外援。还有些将领在反叛前,为了释除朝廷的猜疑,也往往送质京师,刘景素和沈攸之皆属此类。刘景素受到重用后,地位显赫,经朝廷派虞玩之前往讽谏,景素便送"世子入质京邑"。② 宋顺帝即位后,进沈攸之号车骑大将军、开府仪同三司,攸之遣长子元琰为人质。沈攸之反叛时,齐王上书数沈攸之罪恶说:"苍梧狂凶,衅深桀、纣,猜贰外蕃,鸱目西顾。留其长息元琰,以为交质;父子分张,弥积年稔。"③其

---

① 《宋书》卷四十七《刘敬宣传》,第1411页。
② 《宋书》卷七十二《文九王·建平宣简王宏附子景素传》,第1866页。
③ 《宋书》卷七十四《沈攸之传》,第1938页。

间也有少数民族向汉族出质的现象,元嘉三年(426年),"仇池氏扬兴平遣使归顺,并儿弟为质"。① 叛贼归降也必须遣送人质,扬孟子归降,刘道济"即板为主薄,遣子为任"。②

南齐朝代虽然短促,其人质现象也有一定的体现。垣崇祖的母亲曾两度沦为人质,"虏既陷徐州,崇祖仍为虏将游兵琅邪间不复归,虏不能制。密遣人于彭城迎母,欲南奔,事觉,虏执其母为质。崇祖妹夫皇甫肃兄妇,薛安都之女,故虏信之。肃仍将家属及崇祖母奔朐山,崇祖因将部曲据之,遣使归命。太祖在淮阴,板为朐山戍主,送其母还京师,明帝纳之"。③ 垣崇祖的母亲先是被北朝执为人质,逃脱后,又作为齐明帝的人质被送还京师,以对垣崇祖进行控制。齐明帝时,"建武四年(497年),伪南梁州刺史杨灵珍与二弟婆罗、阿卜珍率部曲三万余人举城归附,送母及子双健、阿皮于南郑为质"。④

南齐末年东昏侯即位,朝政紊乱。裴叔业有反意,遭到朝廷猜忌,裴叔业出于恐惧,便送人质于京师求取信任。此举并没有消除朝廷对裴叔业的猜疑,"传叔业反者不已,芬之愈惧,复奔寿春"。芬之的逃归使朝廷更加相信叔业谋反,便下诏讨伐。这使裴叔业走投无路,他转而投靠了北魏。"叔业病困,植请救魏虏,送芬之为质"。⑤ 裴叔业并没有得到朝廷的信任,最终选择了投魏,然而归降也必须送人质,芬之两度充当人质都是裴叔业迫不得已的举措。此外,将领上下级之间也用人质表信任。永元三年(501年)刘季连与朱道琛和邓元起的矛盾激化,"司马朱士略说季连,求为巴西郡,留三子为质,季连许之"。季连造反时,杀朱道琛,并召集朱士略和李膺,二人均不听命,结果季连诛杀士略作为人质的三子。⑥ 在南齐,还出现了把人质用于经济目的的例子。"扬

---

① 《宋书》卷六十五《吉翰传》,第1717页。
② 《宋书》卷四十五《刘粹附弟道济传》,第1382页。
③ [梁]萧子显撰:《南齐书》卷二十五《垣崇祖传》,中华书局1972年版(本书《南齐书》引文均属此版本),第460页。
④ 《南齐书》卷五十九《氐传》,第1031页。
⑤ 《南齐书》卷五十一《裴叔业传》,第871页。
⑥ [唐]姚思廉撰:《梁书》卷二十《刘季连传》,中华书局1973年版(本收《梁书》引文均属此版本),第309页。

州主簿顾测以两奴就(陆)鲜质钱,鲜死,子晔诬为卖券"。①顾测把两个奴婢抵押给陆鲜是为了借钱,陆鲜的儿子却耍赖说把奴婢卖给了他,陆鲜的哥哥陆澄反过来在官场上排斥顾测,因而遭到人们的非议。

除梁朝建立时,出现了一些人质事件,如"司州刺史王僧景遣子贞孙入质。司部悉平"。②此外,梁朝的人质事件主要发生在侯景之乱时期,这是在南朝历史上人质事件发生最多的一个时段,兹举有代表性的几例:

太清三年(549),侯景求和,并提出交换人质的要求。他"请割江右四州之地,并求宣城王大器出送,然后解围济江;仍许遣其仪同于子悦、左丞王伟入城为质"。③后来,"中领军傅岐议以宣城王嫡嗣之重,不容许之。乃请石城公大款出送,诏许焉"。梁朝竟然派出皇室子弟为人质与叛将媾和,可见梁朝的气数已尽。

台城沦陷后,柳仲礼和柳敬礼兄弟被侯景召见,侯景遣仲礼经略上游,留敬礼为人质。"台城没,敬礼与仲礼俱见于景,景遣仲礼经略上流,留敬礼为质,以为护军"。④凡是投降侯景的梁将,都要送人质,侯瑱即为一例。侯景部将于庆略地至豫章,侯瑱投降了于庆。侯景因为同姓的缘故,厚待侯瑱,并留侯瑱的妻子及子弟为质。后来侯景在巴陵战败,侯瑱诛杀侯景的同党,响应义军。侯景为了报复,也尽诛侯瑱作为人质的弟弟和妻子。⑤侯景攻破京城时,鄱阳王萧范曾向西魏遣送人质乞师,这种手段并未奏效。"京城不守,范乃弃合肥,出东关,请兵于魏,遣二子为质。魏人据合肥,竟不出师助范,范进退无计,乃溯流西上,军于枞阳,遣信告寻阳王"。⑥西魏不帮助萧范,是因为梁朝已经土崩瓦解,诸侯王也失去了同西魏结盟的资格,西魏不会看在两个人质的份上冒险,帮助梁军不如坐等其亡,以收渔人之利。

---

① 《南齐书》卷三十九《陆澄传》,第686页。
② 《梁书》卷一《武帝纪上》,第11页。
③ 《梁书》卷五十六《侯景传》,第845页。
④ 《梁书》卷四十三《柳敬礼传》,第611页。
⑤ [唐]姚思廉撰:《陈书》卷九《侯瑱传》,中华书局1972年版(本书《陈书》引文均属此版本),第154页。
⑥ 《梁书》卷二十二《太祖五王·鄱阳王范》,第352~353页。

侯景至晋陵时,"劫太守徐永东奔吴郡,进次嘉兴,赵伯超据钱塘拒之"。① 侯景之乱被平定后,北齐为控制梁朝政局,准备扶植在北齐的人质贞阳侯渊明回国继统。以王僧辩为首的权臣进行抵制。经过战争,王僧辩失利,被迫接纳贞阳侯,定君臣之礼。王僧辩为了表示诚心,遣第七子王显以及王显子王刘,还有侄子世珍到贞阳侯处充当人质。王僧辩书信说:"今猷不忘信,信实由衷,谨遣臣第七息显,显所生刘并弟子世珍,往彼充质;仍遣左民尚书周弘正至历阳奉迎。"②人质被送往邺城。王僧辩这样做的目的是为了结盟,正如他自己所说:"夫建国立君,布在方策,入盟出质,有自来矣。"但他反复无常,立场不坚,最后被陈霸先攻灭。

高祖陈霸先有过人质方面的遗憾,早在梁元帝时,荆州陷落,高宗陈顼及衡阳献王陈昌流落到西魏管辖的关右,继而成为北周的人质。陈霸先称帝后,多次派人请北周遣还人质都没有结果。直到陈霸先驾崩,周人才遣放人质,只有高宗陈顼顺利回国。陈昌在回国途中因王琳之乱被阻于安陆。第二年,即天嘉元年(560年)三月,陈昌才在陈文帝的允许下进入陈境,却在渡江的时候因船坏在中游溺毙。③ 这实际上是在位的陈文帝为了使皇权免受威胁而策划的阴谋。对于陈昌之死,《文献通考》的记载更为可信:"陈武帝永定三年九月,月入南斗。占曰:'大人忧,太子殃。'后二年,帝崩,太子昌在周为质,文帝立。后昌还国,为侯安都迎杀之。"④即便是高宗回国,也不是毫无条件的,"高宗之还也,以后主及叔陵为质"。高宗归陈两年后(天嘉三年)陈后主和叔陵才回国。⑤

陈朝皇室子弟陈昙朗,成为陈、北齐两国斗争的牺牲品。徐嗣徽、任约招引北齐军队攻逼京邑,不久请和,并求高祖陈霸先子侄为质。陈霸先明知北齐没有诚意,但又怕失去群臣的支持,于是他说:"孤谬辅王室,而使蛮夷猾夏,不能戡殄,何所逃责。今在位诸贤,且欲息肩偃武,

---

① 《梁书》卷五十六《侯景传》,第861~862页。
② 《梁书》卷四十五《王僧辩传》,第634页。
③ 《陈书》卷十四《衡阳献王昌传》,第207~211页。
④ [元]马端临:《文献通考》卷二百八十八《象纬考·月五星凌犯》,台湾:新兴书局1965年版,第2284页。
⑤ 《陈书》卷三十六《始兴王叔陵传》,第493页。

与齐和好,以静边疆,若违众议,必谓孤惜子侄,今决遣昙朗,弃之寇庭。且齐人无信,窥窬不已,谓我浸弱,必当背盟。齐寇若来,诸君须为孤力斗也。"①陈霸先怕昙朗逃逸,亲自送他为质。人质送去之后,齐人果然不守信用,继续攻逼。随着陈朝杀掉身为战俘的北齐将领萧轨等人,北齐也杀陈昙朗作为报复。直到陈文帝天嘉二年(561年),齐陈和好之后,陈朝才得知昙朗被杀的消息。

陈世祖即位后,留异手握重兵,并领东阳太守。为削弱留异的势力,陈世祖曾派沈恪袭击留异,遭到失败。平定湘州后,陈世祖下诏讨伐留异。诏书中提到,留异"虽复遣家入质,子阳之态转遒;侍子还朝,隗嚣之心方炽"。② 人质手段并不是灵丹妙药,尽管向朝廷遣送了人质,留异仍怀有野心,朝廷也不相信他。

陈高宗统治时期,为防止一些镇边大将构成威胁,便讽令他们送质。太建十二年(580年),陈高宗派吏部侍郎萧引讽喻广州刺史马靖遣子入质。"时广州刺史马靖甚得岭表人心,而兵甲精练,每年深入俚洞,又数有战功,朝野颇生异议。高宗以(萧)引悉岭外物情,且遣引观靖,审其举措,讽令送质。引奉密旨南行,外托收督赕物。既至番禺,靖即悟旨,尽遣儿弟下都为质"。马靖为避嫌疑,竟然"尽遣儿弟下都为质"。③

在北魏的人质事件中,北魏作为人质控制主体,人质主要来源于少数民族首领和南朝将领所遣。魏太祖时,蛮王归顺,"泰常八年(423年),蛮王梅安率渠帅数千朝京师,求留质子以表忠款。始光中,拜安侍子豹为安远将军、江州刺史、顺阳公"。④ 吐谷浑首领拾寅,虽归顺北魏,但恃其险远,同时受南朝刘宋册封。魏显祖拓跋弘时,出军讨伐拾寅。一方面是为了使拾寅更加服从,另一方面是为了掠夺吐谷浑的宝货。拾寅战败,显祖"乃下诏切责之,征其任子。拾寅遣子斤入侍,显祖寻遣斤还"。⑤ 北魏先征其任子,是为了表示对拾寅的宗主国地位。遣还拾寅人质,是为了对地处边远的吐谷浑采取羁縻政策。真君五年(443年),李宝归顺北魏,遣长子李承随表入质,本人也留在京师。"初,宝欲

---

① 《陈书》卷十四《南康王昙朗传》,第 210~211 页。
② 《陈书》卷三十五《留异传》,第 485 页。
③ 《陈书》卷二十一《萧允附弟引传》,第 290 页。
④ 《魏书》卷一百零一《蛮传》,第 2246 页。
⑤ 《魏书》卷一百零一《吐谷浑传》,第 2238 页。

谋归款,民僚多有异议,承时年十三,劝宝速定大计,于是遂决。仍令承随表入质。世祖深相器异,礼遇甚优,赐爵姑臧侯"。①

和平六年(465年),刘彧杀宋帝子业自立,薛安都等举兵反对,刘彧派张永讨伐安都。薛安都转而投靠北魏,请求救援,得到魏世祖同意。安都归降,"又遣第四子道次为质,并与李敷等书,络绎相继"。② 薛安都和在京师为质的儿子道次都受到北魏重用。梁萧鸾的宁州刺史董峦在与北魏作战中被俘,同儿子景曜一起归降了北魏。魏高祖南伐时,董峦从军,景曜在洛阳告发父亲将要叛逃。董峦逃走后,"至境首北向哭呼景曜云:'吾百口在彼,事理须还,不得顾汝一子也。'"③董峦面临着一个两难的选择,如果不逃归的话,在南朝的数百口家属就会成为人质受到牵连;逃归的话,在北朝作为人质的儿子景曜就会被处决。权衡轻重,董峦叛归南朝,确实是无奈之举。跟董峦一样投降北魏的还有在南朝身为镇南大将军、江州刺史的下邳人陈伯之,"景明三年(502年),伯之遣使密表请降,并遣其子冠军将军、徐州刺史、永昌县开国侯虎牙为质。"陈伯之在北朝受到重用。另外,北魏武定七年(549年)正月,梁朝萧正表送子为质,据州降魏。④ 梁裴叔业归降时,遣其子芬之为质。⑤ 北地功曹毛洪宾叛乱,被雍州刺史杨椿击败后,向北魏"通书送质,乞求自效"。⑥

这样,南朝一旦出现内乱,便会有一些将领遣质投降北朝,使南朝日渐衰弱,而北朝则不断强大。同样,如果投降而不送人质,便被视为诈降。萧鸾雍州刺史曹虎据襄阳请降,北魏高祖元宏下诏使刘昶、薛真度等分四路南伐,高闾上表说:"洛阳草创,虎既不遣质任,必非诚心,无宜轻举。"⑦结果正如高闾所料,曹虎果然是虚张声势诈降,魏军无功而返。对于已经归顺的外族首领,北魏也往往采用人质手段加以控制。光城蛮帅田益宗于太和十七年(493年)归降北魏,为北魏立下了赫赫战功。

---

① 《魏书》卷三十九《李宝传》,第886页。
② 《魏书》卷六十一《薛安都传》,第1354页。
③ 《魏书》卷六十一《田益宗附董峦传》,第1375页。
④ 《魏书》卷五十九《萧正表传》,第1327页。
⑤ 《南齐书》卷五十一《裴叔业传》,第871页。
⑥ 《魏书》卷五十八《杨播附子侃传》,第1281~1282页。
⑦ 《魏书》卷五十四《高闾传》,第1206页。

益宗年老时，由于聚敛无度，子弟胡作非为，受到魏世宗元恪的猜忌。世宗曾讽令益宗遣其子鲁生为质京师，鲁生却迟迟不来。延昌年间，魏世宗派后将军李世哲等袭击益宗，出其不意，攻入广陵，"益宗子鲁生、鲁贤等奔于关南，招引贼兵，袭逐诸戍，光城已南皆为贼所保。世哲讨击破之，复置郡戍，而以益宗还。授征南将军、金紫光禄大夫，加散骑常侍，改封曲阳县开国伯"。益宗被明升暗降，剥夺了实权，并且被迫留在京师，实际上成为朝廷对付鲁生、鲁贤的人质。益宗多次上书朝廷，为自己辩白，请求赦免并招还两个儿子，以达到团聚的愿望，但至死也未能了却这个心愿。①

人质外交在北朝仍具有重大意义。在处理与北魏的关系上，北燕主冯宏就是由于在人质问题上处置不当，以致败亡的。冯宏向北魏称臣，"遣其尚书高颙请罪，乞以季女充掖庭"。魏世祖拓跋焘还不满意，征其太子王仁入质。冯宏（字文通）不遣人质，还在一怒之下杀死劝说送质的散骑常侍刘训。冯宏既不送人质，又怕招致北魏的进攻，就密请高丽求迎。太延二年（436年），冯宏进入高丽，由于冯宏的傲慢无礼，"高丽乃夺其侍人，质任王仁"。最终王仁还是未能摆脱沦为人质的命运。"文通忿怨之，谋将南奔。世祖又征文通于高丽，高丽乃杀之于北丰，子孙同时死者十余人"。②冯宏拒向北魏纳人质，结果落到了一个身死国灭的悲惨下场。魏世祖平定统万时，乞伏炽磐遣其叔平元将军泥头、弟安远将军度质于京师。③

北齐的人质事件中，有一个为了进谏而纳人质以取得信任的例子。河东人王春善于占卜，韩陵之战，齐高祖四面被围，处境险恶并准备撤军，王春进谏说到未时一定会大胜，为了让高祖相信，他"缚其子诣王为质，不胜请斩之"。④ 结果不久敌军大败。与北齐有关的人质现象还有梁朝王琳用人质手段来换取北齐支持，拥立永嘉王萧庄为帝的事件。梁孝敬帝被立的时候，王琳向齐出质，请纳萧庄为梁主。北齐文宣王遣使护送萧庄回国篡位。"琳乃遣兄子叔宝率所部十州刺史子弟赴邺，奉

---

① 《魏书》卷六十一《田益宗传》，第1372~1374页。
② 《魏书》卷九十七《冯跋附文通传》，第2128页。
③ 《魏书》卷九十九《鲜卑乞伏国仁传》，第2199页。
④ ［唐］李百药撰：《北齐书》卷四十九《方技传·王春传》，中华书局1972年版（本书《北齐书》引文均属此版本），第674页。

庄纂梁祚于郢州"。①

北周也是北朝一个重要的人质控制主体。梁雍州刺史、岳阳王萧詧与其叔父荆州刺史、湘东王萧绎不和,西魏大统十五年(549年),梁元帝派柳仲礼进图襄阳,萧詧以襄阳归附于魏,遣其妻王氏及世子寮为质。大统十六年三月,杨忠擒仲礼后,萧绎在恐惧之下,又派儿子方平到魏。② 在杨忠擒仲礼,占据安陆、竟陵后,梁元帝遣子方略为质,"并送载书,请魏以石城为限,梁以安陆为界"。大统十七年,梁元帝逼其兄邵陵王纶。萧纶北逃,与其前西陵郡守羊思达要随、陆土豪段珍宝、夏侯珍洽,合谋送质于齐,欲进攻西魏。汝南城主李素是萧纶的故吏,开城门做内应。梁元帝密报周太祖,太祖于是遣杨忠督众讨伐,擒杀萧纶。③

南北朝时,因北强南弱之故,南朝向北朝纳质的占多数。但也不乏北朝将领投靠南朝,向南朝纳质的例子。司马消难本在北齐为官,后因受到猜忌而归附北周。尽管在北周受到重用,隋文帝辅政后,司马消难又企图与蜀公迥联合反叛。并"使其子泳质于陈以求援",在受到隋文帝大将王宜的攻伐时便投降了陈朝,受到陈宣帝重用。隋文帝平陈后,由于司马消难曾与杨忠关系亲厚,隋文帝不仅赦免了他的死罪,还给予优待。司马消难轻于去就,不顾及妻子家人的安危,这反而使作为人质的亲属免遭杀戮。司马消难赴(卬)[邙]州时,留妻子高氏和三个儿子在京师为质,高氏对隋文帝说:"荥阳公性多变诈,今以新宠自随,必不顾妻子,愿防虑之。"④当司马消难入陈时,高氏母子因此获免。

在陈朝与北周的关系中,人质手段也发挥着作用,而北朝总是在人质手段的运用上居于主动地位。陈文帝的弟弟安成王陈顼曾经在梁朝为人质,江陵被攻陷后,"顼随例迁长安"。陈朝向周朝要人质,周太祖许而未遣。到周世宗时,准备遣还人质,派杜杲为使通陈,陈文帝非常高兴,在遣使报聘的同时"并赂黔中数州之地"。陈文帝还提出划界敦

---

① 《北齐书》卷三十二《王琳传》,第434页。
② [唐]令狐德棻、岑文本、崔仁师撰:《周书》卷二《文帝纪》,中华书局1971年版(本书《周书》引文均属此版本),第32页。同书卷二十八《权景宣传》第478页、卷四十八《萧詧传》第858页也有记载。
③ 《周书》卷十九《杨忠传》,第316~317页。
④ 《周书》卷二十一《司马消难传》,第354~355页。

好的请求,划定边界时,把鲁山又割给了北周。① 周朝利用人质外交手段,不仅扩张了领土,还缓解了与陈朝的紧张关系。陈文帝为了自己家庭的团圆,不惜割让国土,完全不从国家的大局出发,结果虽然暂时满足了北周的欲望,却使国家的势力削弱下去,怎不亡国呢?

北周在处理与周边少数民族的关系时也频繁使用了人质手段。周恭帝时,北周将领李迁哲为消除黔阳蛮田乌度、田都唐等的抄略骚扰,进行征讨,杀获很多。结果"诸蛮畏威,各送粮饩。又遣子弟入质者,千有余家。迁哲乃于白帝城外筑城以处之。并置四镇,以静峡路"。② 1000多家蛮族遣送人质,还专门筑城予以安置,可见北周的人质规模很大,也说明控制人质是北周统治被征服少数民族的一个重要手段。西魏北周时用人质手段控制的少数民族还有氐族杨氏,"太祖定秦、陇,绍先称藩,送妻子为质"。大统元年(535年),绍先请其妻女,"太祖奏魏帝还之"。③ 这与魏显祖遣还拾寅人质有相类似的地方,是为了对难以控制的边族采取羁縻政策。

可见,北朝人质事件以南朝和外族归降纳质为主,这与北朝的强大和南朝的分裂混战是分不开的。

第二节 南北朝的人质制度

一、南朝的人质制度

(一)镇将重臣向朝廷出质

刘宋时,谢晦、沈文秀、刘景素、沈攸之等镇将权臣都曾向中央出质。元嘉三年(426年),宋文帝准备讨伐谢晦,先诛晦子新除秘书郎世休,又收晦弟黄门郎爋、爋子世平、兄子著作郎绍等。④ 谢晦在外领军,

---

① 《周书》卷三十九《杜杲传》,第702页。
② 《周书》卷四十四《李迁哲传》,第791~792页。
③ 《周书》卷四十九《异域上·氐传》,第895页。
④ 《宋书》卷四十四《谢晦传》,第1350页。

他的家属——包括他的儿子、弟弟、哥哥、侄子等都居住在京师为官。宋文帝在讨伐谢晦前,先把他的家属杀掉,说明这些家属实际上是谢晦留在都城的隐性人质,他们的遇害是以连坐的名义下遭受的处罚。宋明帝时,督青州徐州之东莞东安二郡诸军事、建威将军、青州刺史沈文秀与晋安王子勋反叛朝廷,泰始二年(466年)八月寻阳平定后,明帝派文秀弟文炳诏文秀曰:"且卿百口在都……如其不尔,非惟戮及弟息,亦当夷卿坟垄。"①文秀的家属百余口都居住在都城,其实也是刘宋控制下的质任。其中"非惟戮及弟息"一句表明,他的弟弟和儿子是法定的人质,属显性人质。除此以外的家属为隐性人质,其连带责任虽然较小,但如果沈文秀图谋不轨,这些家属就会受到牵连,只是未必被诛灭。再如萧思话起义以应世祖,他在信中说:"虽百口在都,一非所顾。"②看来他的家属被安置在都城作为人质。刘景素也曾向中央出质。"虞玩之衔使归旋,世子入质京邑,续解徐州,请身东第,后求会稽,降阶外抚"。③ 刘景素受到重用后,地位显赫,经朝廷派虞玩之前往讽谏,景素便"世子入质京邑"。宋顺帝即位,沈攸之进号车骑大将军、开府仪同三司后,送长子元琰为人质。④ 可见屯戍将领仍然要遣任子于京师,质任制度依然不废。南齐依然采用了对权臣的质任制度。永元元年(499年),都督南兖兖州徐青冀五州军事,南兖州刺史,辅国将军裴叔业被怀疑有反叛之心,裴叔业为了辟谣,"乃遣子芬之等还质京师"。⑤ 从裴叔业的事件中还可看出,南齐的质任制度远不如魏晋时严格,高级将领和重臣遣质与否还根据个人的自愿,裴叔业如果没有受到猜疑,他本不必遣任子到京师。南齐对归附将领的质任制度依然存在。齐明帝即位初,垣崇祖率部曲据朐山,遣使归命。"太祖在淮阴,板为朐山戍主,送其母还京师,明帝纳之"。⑥ 以将领整个家族的成员作为人质的现象在南齐继续存在,沈攸之为了避免兵士逃亡,曾召集诸军主说:"大事若克,白纱帽共

---

① 《宋书》卷八十八《沈文秀传》,第2223页。
② 《宋书》卷七十八《萧思话传》,第2015~2016页。
③ 《宋书》卷七十二《文九王·建平宣简王宏附子景素传》,第1866页。
④ 《宋书》卷七十四《沈攸之传》,第1938页。
⑤ 《南齐书》卷五十一《裴叔业传》,第871页。
⑥ 《南齐书》卷二十五《垣崇祖传》,第460页。

著耳;如其不振,朝廷自诛我百口,不关余人。"①他的百口家族成员受到朝廷的监视而成为人质,朝廷对中下级将领尚无采取人质控制的手段。表明梁朝后期,也出现了对高级将领的质任制度。"初,陈文帝弟安成王顼为质于梁,及江陵平,顼随例迁长安"。② 从中可以看出梁朝的大将也有质任,明确说"为质",与家属居住都城的隐性人质不同,说明这是质任制度的体现。陈朝的高级将领向中央出质的例子在前述人质事件中已谈到,广州刺史马靖、东阳太守留异都属于这一类。这不是个别现象,而是人质制度下的产物。

(二)用质任手段强迫百姓纳税服役,常以连坐的形式表现出来

南齐还有用人质手段控制百姓的制度。虞愿为晋平太守时,"前政与民交关,质录其儿妇,愿遣人于道夺取将还"。③ 还有用人质手段来征税的现象,"山阴一县,课户二万,其民赀不满三千者,殆将居半,刻又刻之,犹且三分余一。凡有赀者,多是(土)[士]人复除。其贫极者,悉皆露户役民。三五属官,盖惟分定,百端输调,又则常然。比众局检校,首尾寻续,横相质累者,亦复不少。一人被摄,十人相追;一绪裁萌,千蘖互起"。④ 政府为了逼迫农民交纳赋税,不惜采用人质手段和连坐制度,足见南齐人民的所受剥削之沉重。但这种方式并没有起到多大的作用,农民"自且不爱,何况妻子",只不过进一步激化社会矛盾罢了。

梁武帝时,人质制度主要体现在法律上的连坐制,用于统治百姓。据《隋书》记载:

> 武帝敦睦九族,优借朝士,有犯罪者,皆讽群下,屈法申之。百姓有罪,皆案之以法。其缘坐则老幼不免,一人亡逃,则举家质作。人既穷急,奸宄益深。后帝亲谒南郊,秣陵老人遮帝曰:"陛下为法,急于黎庶,缓于权贵,非长久之术。诚能反,天下幸甚。"帝于是思有以宽之。旧狱法,夫有罪,逮妻子,子有罪,逮父母。(天监)十一年正月壬辰,乃下诏曰:"自今捕讁之家,及罪应质作,若年有老小

---

① 《南齐书》卷二十四《柳世隆传》,第450页。
② 《周书》卷三十九《杜杲传》,第702页。
③ 《南齐书》卷五十三《虞愿传》,第916页。
④ 《南齐书》卷四十六《顾宪之传》,第808页。

者,可停将送。"①

  这是从法律上放宽连坐拘质的制度。但并没有废除,如果不是"年有老小",仍然不能避免连坐被拘质的命运。中大同元年(546年)七月,为推行足陌钱,梁武帝下诏:"自今可通用足陌钱。令书行后,百日为期,若犹有犯,男子谪运,女子质作,并同三年。"②郭祖深上书梁武帝时亦称:"或有身殒战场,而名在叛目,监符下讨,称为逋叛,录质家丁。合家又叛,则取同籍,同籍又叛,则取比伍,比伍又叛,则望村而取。一人有犯,则合村皆空"。③从中可见梁代连坐制的严酷,一人犯罪,妻子父母都被拘押入狱。在连坐制的执行过程中,又超出了人质手段的范围而成为一种酷政的表现。人质手段本来为了控制逃亡、叛乱或犯法的人,作为对他们的惩罚或预防。如郭祖深所言,人已经战死了还要"录质家丁"。尽管天监十一年(512)梁武帝下诏不再连坐老人和孩子,其实并没有真正得到落实。所以中大同元年(546年)梁武帝再次下诏书:"耆年禁执,大可伤愍。自今有犯罪者,父母祖父母勿坐。唯大逆不预今恩。"④从诏书可以看出,当时包括祖父母在内的老人也是连坐的对象。到了陈朝,连坐制度有所放松。太建五年(573年)十二月宣帝诏书称"比者所戮止在一身",⑤说明陈朝对将领的约束已经减弱。

  (三)地方酋豪向朝廷出质,以陈朝最为典型

  在梁朝,统治区的外族氐酋要向中央纳质任,氐帅北益州刺史杨法琛就出有质子。大宝元年(550年),"州民引氐酋北益州刺史杨法琛据黎州,命王、贾二姓诣武陵王纪请法琛为刺史。纪深责之,囚法琛质子崇颛、崇虎"。⑥杨法琛实际为氐族酋豪,他作为人质的两个儿子,可以随时被囚禁以作为梁朝控制杨法琛的手段。

---

 ① [唐]令狐德棻、长孙无忌、魏徵等撰:《隋书》卷二十五《刑法志》,中华书局1973年版(本书《隋书》引文均属此版本),第700~701页。《梁书》卷二《武帝纪中》对此亦有记载。
 ② 《梁书》卷三《武帝纪》,第90~91页。
 ③ 《南史》卷七十《循吏传·郭祖深传》,第1722页。
 ④ 《梁书》卷三《武帝纪下》,第90页。
 ⑤ 《陈书》卷五《宣帝纪》,第86页。
 ⑥ 《资治通鉴》卷一百六十三,第5054页。

太建十四(582)年陈后主即位。他下诏说:"中岁克定淮、泗,爰涉青、徐,彼土酋豪,并输罄诚款,分遣亲戚,以为质任。今旧土沦陷,复成异域,南北阻远,未得会同,念其分乖,殊有爱恋。夷狄吾民,斯事一也,何独讥禁,使彼离析?外可即检任子馆及东馆并带保任在外者,并赐衣粮,颁之酒食,遂其乡路,所之阻远,便发遣船仗卫送,必令安达。若已预仕宦及别有事义不欲去者,亦随其意。"①从此段诏书可以推断,陈朝初年在平定天下的过程中,淮、泗、青、徐的大族酋豪为表示归顺的诚意,纷纷遣亲属到京师所在的建康为质任。陈后主释放人质,是由于"旧土沦陷,复成异域",这些人质已经没有利用的价值,反而成为国家的累赘和不安定因素,释放人质也显示了陈后主宽厚人道的一面。其实,不唯北方的酋豪,南方的酋豪也要向陈出质。"钟士雄母者,临贺蒋氏女也。士雄仕陈,为伏波将军。陈主以士雄岭南酋帅,虑其反覆,每质蒋氏于都下"。②

(四) 有专门安置人质的馆所

从太建十四年诏书来看,陈朝安置人质的地方有任子馆、东馆。京城之外也有安置"保任"的地方。其中任子馆显系继承了东吴的制度。

有的研究者据太建五年宣帝诏书"比者所戮止在一身"以及太建十四年诏书认为,"边境酋豪的任子与地方军区的都督的任子毕竟是不同的,不能据此断定地方军区都督也有质任制度"。③且不论其把质任制度等同于任子制以及"地方军区都督"的概念是否合适。要知道,陈朝也是通过武将夺权和军事征服的方式建立的,在巩固统治的过程中,既然地方酋豪都要纳质表诚心,没有理由高级将领不这样做。马靖和留异入质的例子足以证明这一点。再者,对反叛将领"戮止在一身"的制度也不能断定对将领的质任制度就已经废除了。因为,将领反叛,其家属虽不至于被杀戮,但可能受到其他形式的惩罚。

总的看来,南朝仍存在对高级将领、对归附者、对地方大族和少数民族的质任制度。同时,南朝也存在安置人质的机构和专门场所。除此

---

① 《陈书》卷六《后主纪》,第108页。
② 《隋书》卷八十《钟士雄母传》,第1809页。
③ 陶新华:《魏晋南朝地方武职官的法律制度》,《杭州师范学院学报》1999年第5期。

之外,南朝把人质制度应用于对百姓的控制上,以达到征税或派役目的,这确实是不同于前代的一个特点。南朝的质任制度,虽比两晋有所抬头,但远不如三国时期系统和严密,且总的趋势是日益萎缩。

二、北朝的人质制度

北朝的质任制度以北魏为代表,一方面继承了十六国时期的大量吸纳归降人质的传统,另一方面也有与南朝相似的方面。总的说来,北朝的质任制度也有自身的一些特点。

(一) 北魏的人质制度

首先,北魏人质制度的一个特色就是大量吸纳外来人质。从前面人质事件部分关于外交入侍的例子中,北魏就占了7例,说明外交人质在北魏的人质制度中占有重要的地位。另外还有归降遣质的例子,诸如:泰始二年(466年),(安都子)道次"既质京师,拜南中郎将、给事中,赐爵安邑侯,加安远将军"。① 可见,人质是可以做官的。北魏攻打青州,占领历城之后,乃"送道固、休宾及其僚属于京师,后乃徙二城民望于下馆,朝廷置平齐郡、怀宁、归安二县以居之"。② 归降官僚要人被安置于京师,其实就是处于北魏统治下的人质。而迁徙大族于地方,也带有人质的目的。

其次,北魏对权臣和地方长官的人质制度。对于威霸一方的权臣,北魏也要征其人质,如果不送人质,国家就出动军队,用武力手段迫使他们纳质。北魏延昌(512—515)年间,魏宣武帝元恪在要求田益宗遣送质任的要求没有得到满足后,便派后将军李世哲等袭击益宗,出其不意地攻入广陵,益宗的儿子鲁生、鲁贤叛逃,北魏便把益宗带到京师为质。③

北魏对地方长官实行系统人质制度开始于孝昌二年,请看以下史料:

(孝昌二年,即526年)齐州平原民刘树、刘苍生聚众反,州军

---

① 《魏书》卷六十一《薛安都传》,第1355页。
② 《魏书》卷五十《慕容白曜传》,第1119页。
③ 《魏书》卷六十一《田益宗传》,第1372~1374页。

破走之。刘树奔萧衍。衍将元树逼寿春,扬州刺史李宪力屈,以城降之。初留州、郡、县及长史、司马、戍主副质子于京师。①

北魏实行地方长官纳质的质任制度,其引线是扬州刺史李宪投降梁朝,以防止北魏的官员和将领投靠南朝。在实行系统的质任制度之前,"州、郡、县及长史、司马、戍主副"等长官是不向中央出质的。李宪投梁既是一个导火线,也是魏明帝元诩通过实行质任制度来加强中央集权的一个借口。

另外,北魏有四夷馆等机构,专门安置包括外交人质在内的外来人员。北魏是一个强大的国家,归附遣质者众多,从前文所列的北魏接受外国入侍事件的数量相对较多可以看出。北魏安置外交人质的地方是四夷馆是适应外交关系的发展而设立的一个专区。《洛阳伽蓝记》载:"水桥以南,圜丘以北,伊、洛之间,夹御道有四夷馆。道东有四馆。一名金陵,二名燕然,三名扶桑,四名崦嵫。道西有四馆(里),一曰归正,二曰归德,三曰慕化,四曰慕义。吴人投国者处金陵馆,三年已后,赐宅归正里。景明初,伪齐建安王萧宝夤来降,封会稽公,为筑宅于归正里。后进爵为齐王,尚南阳长公主。宝夤耻与夷人同列,令公主启世宗,求入城内。世宗从之,赐宅永安里。正光四年中,萧衍子西封侯萧正德来降,处金陵馆,为筑宅归正里,正德捨宅为归正寺。北夷来附者处燕然馆,三年已后赐宅归德里……北夷酋长遣子入侍者,常秋来春去,避中国之热,时人谓之雁臣。东夷来附者处扶桑馆,赐宅慕化里。西夷来附者处崦嵫馆,赐宅慕义里。"②可见,四夷馆、里既是安置外来归降者的地方,也是安置外交意义上的人质的场所。不同之处在于,四夷馆是安置临时外来人员包括人质的地方,四夷里则是安置包括外交侍子等外来者定居的地方。北魏酋长遣送的人质秋来春去,因此称为"雁臣",看来人质受到的待遇还是很人性化的。这些入侍者被称为"臣",出质国的藩属地位十分明确。

(二) 东魏北齐和西魏北周的人质制度

继北魏之后的东魏北齐和西魏北周也都实行了质任制度。卢勇平

---

① 《魏书》卷九《肃宗孝明帝纪》,第 245 页。
② 范祥雍校注:《洛阳伽蓝记校注》卷三《城南》,上海古籍出版社出版 1982 年版,第 160~161 页。

定广州,功勋卓著,后启请入朝,高欢赐卢勇书说:"吾委卿阳州,唯安枕高卧,无西南之虑矣。但依朝廷所委,表启宜停。卿之妻子任在州住,当使汉儿之中无在卿前者。"①卢勇因战功,受到齐高祖优待,妻子都在自己所在的阳州居住。否则,作为质任的妻子应该送往京师邺城,这也是高祖对卢勇优待,使"汉儿之中无在卿前者"的一个表现。同时,对降将的质任制度依然存在。为让萧庄回国篡位,王琳向齐出质:"琳乃遣兄子叔宝率所部十州刺史子弟赴邺,奉庄篡梁祚于郢州。"②西魏、北周继承北魏,同样实行了质任制度。梁元帝被杀后,西魏把"汝南王大封、尚书左仆射王褒以下,并为俘以归长安。乃选百姓男女数万口,分为奴婢,小弱者皆杀之"。③把皇室贵族、朝廷重臣迁往都城的目的,正是为了以他们为人质,防止其东山再起,同时作为对南朝要挟的手段。

北周的质任制度依然针对南朝,"初,陈文帝弟安成王顼为质于梁,及江陵平,顼随例迁长安。陈人请之,太祖许而未遣。至是,帝欲归之,命杲使焉。陈文帝大悦,即遣使报聘,并赂黔中数州之地"。④"随例"一词表明把被俘的南朝重要将领和质子送到京师作为人质是既定的政策。魏晋南北朝时期每一次的军事征服都会伴随着对被征服国上层人士的迁徙,如魏灭蜀后,蜀国的上层王公都被迁徙到洛阳。西晋灭吴后,吴国的皇室也被迁到洛阳。十六国时期,军事征服之后进行的大规模迁徙更是随处可见。如果说迁徙大量的民众是为了获得兵源和削弱对手的实力,那么迁徙大族则明显地带有把其作为人质进行控制的意味。同时,归降的少数民族也必须对北周出质。周恭帝时,北周将领李迁哲为消除黔阳蛮田乌度、田都唐等的抄略骚扰,进行征讨,杀获很多。结果"诸蛮畏威,各送粮饩。又遣子弟入质者,千有余家。迁哲乃于白帝城外筑城以处之。并置四镇,以静峡路"。⑤1000多家蛮族遣送人质,以至于专门筑城予以安置,可见北周的人质规模也很大,也说明操纵人质是北周控制被征服少数民族的一个重要手段。

总的来说,北朝依旧实行对下级、对归降者、对外族的人质制度。其

---

① 《北齐书》卷二十二《卢文伟附卢勇传》,第323页。
② 《北齐书》卷三十二《王琳传》,第434页。
③ 《南史》卷八《梁本纪下》,第245页。
④ 《周书》卷三十九《杜杲传》,第702页。
⑤ 《周书》卷四十四《李迁哲传》,第791~792页。

中,北魏、北周的质任制度更为成熟和有系统。作为人质控制主体对归降者实行质任手段是北朝人质制度最明显的一个特点。

从三国两晋南北朝时期来看,汉末三国时期的曹魏的质任制度最为成熟,系统应用于兵制和国家管理,同时蜀国和吴国也都实行了质任制度。西晋初年沿用了曹魏的质任制度,但同时又逐步罢除对各级将领和长官的质任制度,废除质任工作至东晋成帝时最终完成,但对士兵和百姓的质任制度依然存在。与两晋相对应的北方十六国,质任制度表现虽比较隐晦,但依旧存在。南朝时期,质任制度又重新兴起,却以不同的方式存在着。北魏统一北方后,也实行了系统的质任制度。

第六章 魏晋南北朝人质总论

第一节 三国两晋南北朝人质事件的统计分析

以下表中是正史所见的关于人质事件的记载,收集时采用检索电子版二十五史的方法所得,不敢说穷尽了所有关于这段时期人质事件的史料,因为有些属于隐性人质,但明言人质的事例基本上没有大的遗漏。下列记载主要是一些具体的人质事件,遣质主体不明的集体性遣送人质事件和其他一些关于人质现象的记载将在质任制度中提及。因此,这些史料应该是能够反映这段时期人质事件规律的真实面貌。不少内容在前文叙述人质事件时已经提到,为了便于对这些史料进行定量的分析,试列举如下表5。

一、人质事件排列表

表5 人质事件记载

序号	时间	控制人质方	人质及其身份	被要挟或出质方	目的	手段	出处
1	初平元年(190年)	袁术	(子)刘和	刘虞	结援	扣留	《三国志·公孙瓒传》第241页
2	东汉末	不明之贼	(叔父)刘馥	刘繇	不明	劫质	《三国志·刘繇传》第1184页
3	兴平元年(194年)	吕布部将	(上级)夏侯惇	韩浩	责求宝货	劫质	《三国志·夏侯惇传》第267页
4	兴平元年(194年)	张邈	母弟妻子	毕谌	战争	劫质	《三国志·武帝纪》第16页
5	兴平元年(194年)	吕布	靳允母弟妻子	靳允	控制下级	强拘	《三国志·程昱传》第426页

续前表

6	兴平二年(195年)	李傕	汉献帝	郭汜	谋反	劫质	《资治通鉴》第1960页；《三国志·董卓传》第183页
7	兴平二年(195年)	郭汜	公卿	李傕	与李傕争斗	强拘	《资治通鉴》第1960页；《三国志·董卓传》第183页
8	兴平二年(195年)	李傕	女儿	郭汜	求和解	交质	《资治通鉴》第1965页
9	兴平二年(195年)	袁术	本人	马日䃅	欲辟日䃅为僚佐	留而不遣	《三国志·袁术传》及注第208—209页
10	曹魏武帝、文帝时	曹魏	妻子	醽弘	控制下级	徙居	《三国志·公孙度传》注第257页
11	建安二年(197年)	袁术	中子	陈珪	召陈珪助己为叛	劫质	《资治通鉴》第1996页；《三国志·袁术传》第209页
12	建安九年(204年)	曹操	部曲宗族	李典	控制下级	徙居	《三国志·李典传》第534页
13	建安十年(205年)	曹操	子弟家属	臧霸	控制下级	徙居	《三国志·臧霸传》第537页
14	建安十年(205年)	曹操	子弟家属	孙观	控制下级	徙居	《三国志·孙观传》注第539页
15	建安三年(198年)	吕布	三弟	陈登	吕布求和	强拘	《三国志·吕布传》注第230页
16	建安十三年(208年)	曹操	母亲	徐庶	争夺人才	掳获	《三国志·诸葛亮传》第914页
17	建安十五年(210年)	孙权	士燮子	士燮	控制下级	遣质	《资治通鉴》第2105页；《三国志·士燮传》第1192页
18	建安十六年(211年)	曹操	任子	马超等	求和	送质	《资治通鉴》第2107页；《三国志·武帝纪》第34页

续前表

序号	时间	人质发出方	人质	人质接收方	事件	方式	出处
19	建安十七年(212年)	刘备	白水关诸将并士卒妻子	刘璋	战争	强拘为质	《三国志·先主传》第1153页
20	建安十八年(213年)	马超	(子)赵月	赵昂	战争	劫质	《资治通鉴》第21220~2123页；《三国志·杨阜传》第703页注
21	建安二十一年(216年)	曹操	(左贤王)呼厨泉	匈奴	诱质	控制匈奴	《三国志·武帝纪》第47页；《晋书·江统传》第1534页
22	建安二十四年(219年)	曹操	母及子	颜俊	求援	送质	《资治通鉴》卷68 第2158页
23	建安二十五年(220)年	曹丕	身份不明	麴演	请降	送质	《三国志·苏则传》491页
24	蜀建兴六年(228年)	曹魏	姜维母亲和妻子	姜维	叛拘人质	房获	《三国志·姜维传》注第1063页
25	汉末三国	魏国	(恭任子)公孙晃	公孙恭 公孙渊	控制下级	遣任子	《资治通鉴》第2337页；《三国志·公孙渊传》注第261页
26	嘉禾三年(234年)	东吴谢宏等	(大臣)笮咨等三十余人	高丽王宫	外交手段	强拘	《三国志·吴主传第二》注第1139~1140页
27	魏正元二年(255年)	吴国	各自质子	毌丘俭、文钦	叛乱求援	遣质	《晋书·景帝纪》第30页
28	魏甘露二年(257年)	吴国	(小子)靓、牙门子弟	诸葛诞	称臣求救	遣质	《资治通鉴》卷77 第2437页；《三国志·吴主亮传》第1154页
29	景元二年(261年)	曹魏	(子)沙漠汗	拓跋力微	控制边族	强拘	《资治通鉴》第2459页
30	咸熙元年(264年)	晋公司马昭	任子	罗宪	抗吴保永安	送质	《资治通鉴》第2486~2487页；《三国志·霍峻传》注第1009页

续前表

31	咸熙年间（264~265年）	曹魏、西晋	（任子）刘渊	刘豹	控制匈奴	遣质	《资治通鉴》第2554~2555页；《晋书·刘元海载纪》第2646页
32	泰始元年(265年)	晋武帝	妻子	罗宪	下级对上级出质	遣质	《三国志·霍峻传》注第1009页
33	泰始八年(272年)	晋武帝	（兄子）玑、璿	步阐	归降	遣质	《资治通鉴》第2523页①
34	咸宁元年(275年)	西晋	各自质子	树机能及所部首领	战败归附	送质	《晋书·武帝纪》第64页；《晋书·扶风王骏传》第1125页
35	太安二年(303年)	张昌	妻子	郭贞	访以朝议	强拘	《晋书·刘弘传》第1765页
36	太安二年(303年)	孙阜	（子）李世、（侄）李含	李流	投降	遣质	《资治通鉴》第2679页
37	刘汉三年(306年)	拓跋猗卢	刘遵	刘琨	乞师	送质	《魏书·序纪》第7页
38	永嘉六年(312年)	刘琨	（长史）临深	赵固等	结盟	遣质	《资治通鉴》第2779页
39	永嘉六年(312年)	石勒	末柸	疾陆眷	石勒求和	战俘	《资治通鉴》卷88第2787页
40	建兴二年(314年)	刘琨	身份不明	石勒	诈降求和	主动送质	《资治通鉴》第2812页；《晋书·石勒载纪上》第2723页
41	建兴二年(314年)	刘曜	妻子	郭默	向刘曜籴粮以守城	主动送质	《资治通鉴》第2816页
42	石勒破王浚后	石勒	（子）邵父	邵续	招为己用	留质	《晋书·邵续传》第1703页
43	320年	石勒	妻子	徐龛	乞降	主动送质	《资治通鉴》第2883页；《晋书·石勒载纪下》第2736页
44	建兴四年(316年)	刘曜	身份不明	李矩	请降	送质	《晋书·刘聪载》第2668页

续前表

45	永昌元年（322年）	东晋	（质子）王澄	王逊	控制下级	遣质	《宋书·五行志》第901页
46	太宁元年（323年）	成汉	质子	杨难敌	归附成汉	遣质	《资治通鉴》第2915页；《晋书·李雄载记》第3038页
47	咸和四年（329年）	后赵	（弟）什翼犍	拓跋翳槐	请和	送质	《资治通鉴》第2973页
48	咸康三年（337年）	石虎	（弟）慕容汗	慕容皝	称藩乞师	送质	《资治通鉴》第3013页
49	咸康八年（342年）	慕容皝	父尸及生母	高丽王钊	控制高丽	俘获	《资治通鉴》卷97第3051页
50	383年淝水之战后	朱序	任子	杨楷	乞降	遣质	《晋书·朱序传》第2134页
51	太元九年（384年）	谢玄	（部将）毛蜀等	杨膺	求援	遣质	《晋书·苻坚载记下》第2924页
52	太元九年（384年）	慕容冲	（子）姚崇	后秦姚苌	请和	送质	《晋书·姚苌载记》第2966页②
53	太元十九年（384年）	姚硕德	（子）难当等	杨盛	请降	遣质	《晋书·姚兴载记上》第2985页
54	太元十四年（389年）	后燕	（弟）贺染干	贺讷	请降	出质	《资治通鉴》第3388页
55	太元十六年（391年）	后秦姚苌	（子）强逮	强金槌	出质	投降	《资治通鉴》第3399页
56	太元十六年（391年）	后燕主慕容垂	（弟）拓跋觚	拓跋珪	后燕求良马	强拘	《资治通鉴》第3400页
57	太元十六年（391年）	金城王乞伏乾归	二子	没奕于	请兵击鲜卑大兜	主动遣质	《资治通鉴》第3400页；《晋书·乞伏乾归载记》第3116页③
58	太元十九年（394年）	乞伏乾归	（子）苻宗	苻登	请救兵	遣质	《资治通鉴》第3415页
59	太元二十（395年）	吕光	（子）敕勃	乾归	称藩退敌	送质	《资治通鉴》第3421页；《晋书·乞伏乾归载记》第3119页
60	隆安二年（398年）	秃发乌孤	儿子	田玄明	求援	遣质	《资治通鉴》第3480页

续前表

61	隆安二年(398年)	殷仲堪	各自子弟	桓玄、杨佺期	结盟	交质	《资治通鉴》第3481页；《晋书·殷仲堪传》第2199页
62	隆安三年(399年)	殷仲堪	(兄)伟	桓玄	战争	拘质	《晋书·桓玄传》第2589页
63	隆安二年(398年)	乞伏乾归	子	视罴	请和	主动遣质	《资治通鉴》第3843页；《晋书·乞伏乾归载纪》第3119页
64	隆安四年(400年)	利鹿孤	妻、子	乾归	避害、投降后秦	被迫留质	《资治通鉴》第3513页；《晋书·秃发利鹿孤载纪》第3145页
65	义熙十一年(415年)	乞伏炽磐	(子)轲兰	乌他	归附	遣质	《晋书·乞伏炽磐载纪》第3125页
66	隆安五年(401年)	利鹿孤	(子)嵩	焦朗	求救兵	遣质	《资治通鉴》第3530页
67	隆安五年(401年)	姚硕德	妻子	焦朗	劝姚硕德进攻吕超	入质	《晋书·吕隆载纪》第3070页
68	隆安五年(401年)	后秦姚硕德	子弟及文武旧臣五十余家	吕隆	请降	遣质	《资治通鉴》第3528页；《晋书·吕隆载纪》第3070页
69	元兴元年(402年)	秦王姚兴	各自的子弟	司马休之等	求救兵	送质	《资治通鉴》第3541页；《宋书·刘敬宣传》第1411页
70	吕隆三年(403年)	齐难	弟	蒙逊	避战	遣质	《宋书·氐胡传》第2413页
71	义熙元年(405年)	姚兴	母、妻	慕容超	责令称藩求太乐伎	拘质	《晋书·慕容超载纪》第3178页
72	义熙元年(405年)	姚兴	(子)难敌	杨盛	避敌	遣质	《宋书·氐胡传》第2405页；《晋书·姚兴载记》第2985页

续前表

73	义熙六年(410年)	沮渠蒙逊	司隶校尉敬归及子佗	傉檀	战败请和	送质	《资治通鉴》第3630页；《晋书·秃发傉檀载纪》第3153页④
74	义熙七年(411年)	沮渠蒙逊	(子)保周	傉檀	请和退敌	送质	《魏书·鲜卑秃发乌孤传附弟傉檀传》第2201页
75	义熙七年(411年)	沮渠蒙逊	(子)染干	傉檀	请和	送质	《资治通鉴》第3644页；《晋书·秃发傉檀载纪》第3154页
76	义熙九年(413年)	河西王蒙逊	太尉俱延	傉檀	请和退敌	送质	《资治通鉴》第3660页；《晋书·秃发傉檀载纪》第3155页
77	义熙十二年(416年)	刘道济	质子	杨孟子	归降	遣质	《宋书·刘粹附弟道济传》第1382页
78	元嘉三年(426年)	刘宋	儿、弟	氐酋杨兴平	归附	遣质	《宋书·吉翰传》第1717页
79	泰常八年(423年)	拓跋焘	(质子)豹	蛮王梅安	表示忠诚	入质	《魏书·蛮传》第2246页
80	始光四年(427年)	北魏	叔、弟	乞伏炽磐	归附	遣质	《魏书·鲜卑乞伏国仁传》第2199页
81	元嘉十五年(438年)	高丽	(太子)王仁	北燕王冯弘	高丽怨恨	为质	《资治通鉴》第3867页；《魏书·冯跋附弟文通传》第2128页
82	真君五年(444年)	北魏	(子)李承	李宝	归降	入质	《魏书·李宝传》第886页
83	魏显祖时(466～471年)	魏显祖	(别驾)康盘龙	拾寅	确保臣服	扣留	《魏书·吐谷浑传》第2238页
84	460～476年间	刘宋朝廷	世子	刘景素	控制下级	出质	《宋书·刘宏附子景素传》第1866页
85	泰始二年(466年)	北魏	(第四子)道次	薛安都	乞降请兵	主动送质	《资治通鉴》第4124页；《魏书·薛安都传》第1354页

续前表

86	元徽四年(476年)前	刘宋朝廷	(长子)元琰	沈攸之	为取信朝廷	遣质	《宋书·沈攸之传》第1938页
87	元徽四年(476年)前	沈攸之	母亲	双泰真	为强迫百姓当兵	强捉为质	《宋书·沈攸之传》第1941页
88	齐明帝即位(494年)后	北魏军队	母亲	垣崇祖	战争	虏获	《南齐书·垣崇祖传》第460页
89	齐明帝即位(494年)后	齐明帝	祖母亲	垣崇祖	控制下级	出质	《南齐书·垣崇祖传》第460页
90	建武四年(497年)	北魏	母、子	氐帅杨灵珍	归降	送质	《资治通鉴》第4412页；《南齐书·氐传》第1031页
91	永元二年(500年)	南齐朝廷	(子)芬之	裴叔业	取信朝廷	送质	《资治通鉴》第4459页；《南齐书·裴叔业传书》第871页
92	永元三年(501年)	刘季连	三子	朱士略	取信上级	出质	《梁书·刘季连传》第309页
93	中兴元年(501年)	萧衍	(子)王贞孙	王僧景	归顺	遣质	《资治通鉴》第4495页；《梁书·武帝纪》第11页
94	景明三年(502)	北魏	(子)虎牙	陈伯之	请降	遣质	《魏书·田益宗附陈伯之传》第1375页
95	延昌年间(512~515年)	魏世宗	(父)田益宗	鲁生、鲁贤	控制下级	入朝为质	《魏书·田益宗传》第1372~1374页
96	天监十二年(513年)	萧衍	各自任子	裴绚等	请降	送质	《资治通鉴》第4606页
97	孝昌元年(525年)	梁朝	(子)景仲	元法僧	归附	遣质	《北史·魏本纪第四·肃宗孝明帝纪》第151页
98	中大通六年(534年)	宇文泰	妻子	杨绍先	称藩	送质	《周书·异域上·氐》第895页
99	太清三年(549年)	侯景	(弟)敬礼	柳仲礼	招为己用	留质	《梁书·柳敬礼传》第611页
100	太清年间(547~549)	梁朝廷	质子	萧休	为避嫌疑取信朝廷	主动送质	《南史·梁宗室下·鄱阳忠烈王恢附子修传》第1129页

续前表

101	太清三年(549年)	侯景	(子)石城公大款	梁武帝	侯景诈和	梁送质	《资治通鉴》卷162第5003页；《梁书·侯景传》第845页⑤
102	太清三年(549年)	东魏	(子)萧勤、萧广	鄱阳王萧范	乞师	送质	《资治通鉴》第5024页；《梁书·萧范传》第352页
103	太清三年(549年)十一月	西魏	(妃)王氏(世子)嶚	萧詧	称藩以对抗萧绎	遣质	《资治通鉴》第5031页；《周书·萧詧传》第858页
104	太清三年(549年)十一月	侯景	妻子	留异	留异投降	强收为质	《资治通鉴》第5032；《陈书·留异传》第484页
105	东魏武定七549年	东魏	质子	萧正表	据州归附	遣质	《魏书·萧正表传》第1327页
106	梁大宝元年(550年)	北魏	(质子)方晷	梁元帝萧绎	为求支持	遣质	《南史·梁本纪下第八》第235页⑥
107	大宝元年(550年)二月	西魏	(质子)方略	萧绎	退兵求和请为附庸	遣质	《资治通鉴》第5036页；《周书·杨忠传》第316页
108	大宝元年(550年)七月	侯景	妻子及弟	侯瑱	投降	留质	《资治通鉴》第5049页；《陈书·侯瑱传》第154页
109	大宝元年(550年)九月	王僧辩	身份不明	刘龙虎等	归附	遣质	《资治通鉴》第5052页
110	大宝二年(551年)	侯景	(太子)萧大器	梁朝	战争	为质	《资治通鉴》第5063页
111	西魏大统十七年(551年)	北齐	身份不明	萧纶等	企图进攻西魏	送质	《周书·杨忠传》第316－317页
112	承圣元年(552年)	梁元帝	子侄	陈霸先	征部将子侄入侍	控制下级	《南史·陈本纪下》第291页

续前表

	时间	人质接受方	人质	人质送出方	原因	类型	资料来源
113	王僧辩平侯景时(552年前后)	梁元帝	(子)王颁	王僧辩	向上级出质	留质荆州	《隋书·孝义·王颁传》第1665页
114	承圣三年(554年)	李迁哲	子弟	被讨平群蛮	归降	遣子入质	《资治通鉴》第5114页
115	承圣三年(554年)十一月	西魏大将军于谨	汝南王大封、晋熙王大圆	梁元帝萧绎	求和	遣质	《资治通鉴》第5120页
116	承圣三年(554年)十一月	西魏大将军于谨	太子	梁元帝萧绎	请降	强征为质	《资治通鉴》第5120页;《南史·梁元帝纪》第245页
117	绍泰元年(555年)五月	萧渊明	(子)王显(侄)世珍等	王僧辩	迎渊明即位	送质	《资治通鉴》第5129页
118	绍泰元年(555年)	北齐	萧庄	萧方智	为获北齐支持立梁敬帝	出质	《南史·萧庄传》第1345页
119	韩陵之战时	齐高祖	王春子	王春	为了取信	送质	《北齐书·方技·王春传》第674页
120	南齐绍泰元年(555年)十二月	北齐将领刘达摩	(从子)陈昙朗等	陈霸先	言和	送质	《资治通鉴》第5140页;《陈书·南康愍王昙朗传》第210页
121	绍泰二年(556年)	侯瑱	妻子	侯瑱部将	控制将士	留质	《陈书·侯瑱传》第155页
122	绍泰二年(556年)	陈	质子	余孝顷	投降	入质	《陈书·侯安都传》第144页
123	太平二年(557年)	北齐	兄子及所部十州刺史子弟	王琳	为使北齐支持萧庄南下即位	遣质	《北齐书·王琳传》第434页
124	天嘉元年(560年)	北周	后主及高宗第二子叔陵	陈蒨	为了让高宗及衡阳陈昌回国	留质	《陈书·始兴王叔陵传》第493页
125	保定五年(565年)	北周	(子)玄响	华皎	归附	送质	《周书·萧詧附萧岿传》第863页

续前表

126	广大元年(567年)	后梁	(子)玄响	华皎	归附后梁	送质	《资治通鉴》第5266页
127	建德五年(576年)	北周	身份不明	田元显	归附	送质	《周书·于翼传》第526年
128	太建十二年(580年)	陈朝	质子	司马消难	归降	遣质	《资治通鉴》第5422页；《周书·司马消难传》第354页
129	大象二年(580年)六月	陈朝	质子	北周尉迟迥	求援	遣质	《北史·隋本纪上》第401页
130	太建十三年(581年)	陈朝	马靖子弟	广州刺史马靖	控制下级	遣质	《资治通鉴》第5449页；《陈书·萧引传》第290页

备注：①第33条，《三国志·步阐传》第1240页把人质作"玑与弟璿"，而非《资治通鉴》"兄子玑、璿"。

②第52条，《资治通鉴》卷105第3330页把人质的名字作姚嵩，误。

③第57条，关于人质的被要挟方，晋书作"没奕于"，通鉴作"没弈干"。本文人名以《晋书》为准，时间则据通鉴定。

④第73条，关于人质的名字《资治通鉴》作"佗"，晋书作"他"，两字相通。

⑤第101条，侯景遣其仪同于之悦，左丞相王伟入城为质，此为交质。

⑥第106条，"魏不受质而结为兄弟"。

说明：在进行统计时，由于史书记载的侧重详略不同以及收集材料中不可避免的一些遗漏，统计的结果并不等同于历史真实的数据。有些集体性的遣质由于遣质方和人质的身份都不明，所以没有列入。统计只是为了便于对各个历史时期的特点进行比较，以探求整个魏晋南北朝时期人质事件发生的大致轨迹，这些材料对于这个研究目的的实现不仅必要而且具有可操作性。从之后的统计结果我们也不难发现这一点。

二、对列举材料的分析

根据时间分布特点及人质事件发生的频率，可以把魏晋南北朝时期的人质事例划归入为六个时间段。

（一）初平至建安年间的汉末时期(190～220)共30年,包括第1～23条,共23例,人质事件发生的频率平均约为每1.3年/次。

战争目的：第1、3、4、5、6、7、8、9、15条,共9例。

针对平民的劫质：第2条,仅1例。

控制下级或少数民族：第10、11、12、13、14、17、18、19、20、21、22、23条,共12例。

争夺人才：第16条,仅1例。

劫质或强拘或诱质：第1、2、3、4、5、6、7、8、11、15、16、20、19、21条,共14例。

主动出质：第10、12、13、14、17、18、22、23条,共8例。

交质：第9条,共1例。

初平、兴平、建安年间正是汉末军阀混战和三国分立稳定形势形成前的那段时期,其发生人质事件的记载也比较频繁,人质事件发生的频率相应较高。

（二）220～280年共60年,包括第24～34条,共11例,人质事件发生的频率平均约为每5.4年/次

战争需要或有关：第24、27、28、30、34条,共5例。

外交手段：第26、29、31条,共3例。

下级对上级出质或归降：第25、32、33条,共3例。另外,第31、34条也可归入此类。

这段时间是曹魏建立到西晋统一的一段时期,在这个时期,魏蜀吴三国先后建立,都有了自己的较为稳定的地盘,且都具有控制本国政局的能力。中间虽也不断有魏蜀、魏吴、吴蜀之间的战争,但这些大多是发生在边境的局部战争,各国内部较为稳定。从西晋建立到灭蜀平吴,西晋国内的政局始终稳定,所以人质现象表现得远没有三国时期突出。

280～303年的23年中无人质事例记载。此段时间正是西晋统一后以及八王之乱前期和匈奴刘渊建汉之前。这段时间,上承咸宁年间两次罢除质任的举措,尤其是西晋统一到八王之乱前,正是西晋国力最强,社会最稳定的时期,因此在史书中竟没有发现关于具体人质事件的记载(即使还有这段时期有关于人质的记录,也一定会寥寥无几)。

（三）303～342年共40年,包括第35～49共15例,人质事件发生

的频率平均约为每 2.6 年/次。

战争需要或与战争有关:第 35、36、37、41、42、43、44、46 条,共 8 例。

用于外交手段结盟、请和、控制的有:第 38、39、40、47、48、49 条共 6 例,其中第 40、49 条兼有战争需要。

用于控制部下和外族的有:第 45 条,1 例。

这段时期系十六国纷争到前秦统一北方前的一段时间,北方政局十分混乱。由于集体性的遣质没有列入,强制性的迁徙在一定程度上起到了人质手段的作用,所以人质事件的发生频率应高于 2.6 年/次的频率。

342~383 年的 41 年中无人质事例记载。这是人质现象发生最少的一段时期,正史中竟没有出现关于人质事件的记载。查之史书,这段时间正是前秦统一北方到淝水之战发生前的那段时期。也是十六国时期北方最为稳定的一段时期。

(四)383~438 年共 45 年,包括第 50~81 条,共 32 例。人质事件发生的频率平均约为每 1.4 年/次。

战争原因:第 51、57、58、59、60、61、62、66、67、69、72、73、74、75、76 条,共 15 例。

外交手段:第 52、63、70、71 条共 4 例,其中第 70 条兼有避战原因。

控制下级或归降者:第 50、53、54、55、65、68、77、78、79、80 条,共 10 例。

其他原因:第 64、81、56 条,仅 3 例,其中第 56 条造成了后燕外交上的被动。

这段时期南朝为东晋末年和刘宋时期,东晋政权日益衰亡,内部战争不断。北方为十六国后期,随着前秦政权的瓦解,后秦、后燕、代国等少数民族政权如雨后春笋般的崛起,随之而来的是更为频繁的战争。在这种形势下,一度沉寂了 40 年的人质现象也如群魔出笼一样涌现出来,达到了平均每一年半就发生一起的高频率的程度。仅从这一点就能看出这段时期内战争的频繁和酷烈程度。

(五)439~534 年 95 年间包括第 82~98 条共 17 个事例,人质事件发生的频率平均约为每 5.6 年/次。其间南朝北朝人质现象约各占一半,北朝人质全部为控制下级或纳降。

战争原因:第 87、88 条,仅两例。

纳降或控制下级:第 82、83、84、85、86、89、90、91、92、93、94、95、96、97、98 条共 15 例,其中第 85 条兼有战争原因。

其他原因:第 92 条,仅 1 例,是为了求得官职而取信上级。

从北魏统一到北魏分裂前的这段时期,除北魏末年短期的战乱外,北朝基本稳定。而从北魏分裂为东西两魏到北周北齐的建立,其间 15 年内更是没有见到关于人质的记载,这反映了北朝逐步走向统一和稳定的事实。可是从 535～549 年前 15 年间亦无人质事例记载,原来这段时期正是从北魏分裂为东西两魏到北周北齐建立前的那个时期。两魏之间尽管有数次大的战争,但比较起此前一段时期已经减少了,且两国内部还是比较稳定的。南方的梁朝在侯景之乱前的这段时间正处于一派繁盛景象。

(六)549～581 年共 32 年包括第 99～130 条共 32 个事例,人质事件发生的频率平均约为每年一次。

战争有关:第 99、101、102、107、110、115、129 条,共 7 例。

外交手段:第 106、118、120、123、124 条,共 5 例。

控制下级或纳降:第 100、103、104、105、108、110、111、112、113、114、116、117、121、122、125、126、127、128、130 条,共 19 例。其中第 104、111、121 条兼有战争目的。

其他原因:第 119 条,仅 1 例,为了让统治者相信自己的判断。

这段时期是从东西两魏分别被北齐北周取代到隋朝建立之前的一段时期,此时的人质事件似乎非常频繁,甚至超过了十六国后期。这段时期的人质现象,南朝主要发生在梁末侯景叛乱时及以后政局的动荡时期,相关事例明显偏多。北朝的人质事件主要表现在向北周归降或北周控制下级的人质事件方面,由于北周政权的强大,使得北周不断纳降和接受归附者的人质的增多正是北周统一趋势加强的一个体现。这段时期人质的记载很不均衡,与侯景之乱相关的记载偏多,而几年的动荡不足于代表整个时期 32 年的社会动荡情况,估计这个时期人质时间平均发生的频率与十六国后期的频率持平,而不会比十六国后期更为频繁。

从以上分析可以得出以下结论。

1. 时段性特点。对上述人质事件的分段分析即是根据人质现象的出现频率,同时也是根据各具特点的历史时段来进行的,结果二者之间基本吻合,即人质事件的发生频率也表现出一种明显的阶段性特点。虽然这种频率是相对的,会低于历史应有的状况,但却是人质事件发生频繁程度的一个参照。因此从上述统计不难看出,三国两晋南北朝的人质事件正是这一时期内政治局势和社会现象一个侧面的反映。在战争动乱,国家分裂的年代,人质事件就越频繁地出现,当国家处于统一安定的时期,人质现象就很少出现。由此可见,战争和分裂是人质现象滋生的温床,和平与稳定是人质现象的克星。这是人质事件发生的一个最基本的规律。

2. 地域分布特点。从这些例子也不难看出,从汉末三国到两晋南北朝的整个历史时期,人质现象主要发生在北方,南方只有在梁末侯景之乱后的一个短期内比较频繁。主要原因是,汉末三国时期,北方是一个战乱较多的时期,三国又以北方的曹魏最为强大,最能成为控制和接纳人质的主体。西晋政权的中心也主要在北方,由于下级要向中央出质,北方同样成为吸纳人质的主要地区。晋祚南移后,皇权不振,对下级的控制力很弱,由于东晋曾一度废除了质任制度,政治也相对安定,所以南方人质现象极少发生。与东晋同时的北方则是狼烟不息,十六国成为为战乱的主体,人质现象明显地多于北方,这个时期的人质现象也主要是指北方的人质现象,十六国后期更为显著。383年到438年中的45年间,对应的第50至81条的32个例子皆是十六国后期人质事件的体现。其中除了第50、61、62条几个人质事例发生在东晋,其余全部发生在北方各国之间。南北朝时同样是这个特点,从这些事例中能够明显看出。

3. 出质的方向。为弱小的向强大一方出质,下级向上级出质,归降者或求援者向受降者和援助方出质,臣服国向宗主国出质,平等交质的例子非常少,在所列出的这一百多个例子中,只有第8、61、101条属于交换人质。强大的一方往往成为控制人质的主体,三国曹魏以及继起的西晋是控制人质的主体;十六国前期,汉、前赵、后赵、前燕等几个强大的政权是控制人质的主体;十六国后期,后秦、后燕、后凉等是人质控制的主体,南北朝时期,北朝尤其是北魏、北周成为控制人质的主体。南北朝时期总的出质方向上,南朝向北方遣质的人质现象显然多于北朝来南朝的人质。北朝人质多来自外部遣质,国家为主要控制人质方,南朝人质多是军阀质任,国家很少成为控制人质主体。

4. 人质的身份。主动出质的,南方多为儿子或妻子家属。北方除了以儿子为质外,还以弟弟为人质,其身份有时较儿子更为重要。如姚襄向东晋出质,就以其母弟为质。① 代国什翼犍到后赵为人质,其身份是前任国君翳槐的弟弟;什翼犍即位,为了让昭成从后赵回国即位,其弟拓跋孤亲自到后赵做人质。② 这大概与北方民族兄终弟及的遗风有关,总的说来任子的地位最重。有的人质只有一人,还有的人质为多人。人质身份极为复杂,各种身份都有。以皇帝为人质,如第 6 条;以王子为人质,如第 115、116 条;以公卿为人质,如第 7 条;以大臣为人质,如第 68、73、76 条;家属中以弟弟为人质,如第 39、47、48、54 条;以叔叔为人质,如第 80 条;以多个家庭为人质,如第 53、68 条;以母亲或妻子为人质的也很普遍。还有以活人和尸首为人质,如第 49 条。

5. 人质目的。多是迫于战争压力,上级控制下级以及归降,劫质发生的例子很少。此外人质还有为了取信等目的,下级向上级出质的,出质方大多是为了表示取得信任,表示忠诚。人质形成方式主要有主动送质、被迫遣质、强拘为质几种,其中主动遣质占了相当大的一部分,当然主动送质的背后往往包含着无奈的选择。可见人质事件中遣质的一方在形势的被动中尚有理性选择去向的主动性。

第二节　魏晋南北朝的入侍事件

三国两晋南北朝时期,国与国之间的"入侍"或"遣子入侍"用来表示国家之间外交上的人质活动,无疑借鉴了两汉时期的做法。由于外交侍子与一般意义上的人质不同,所以在此专门列出,以作为人质事件的补充。"入侍"就是遣送外交人质,常用"入侍"和人质专有名词"征任子"表示同样的一件事。如魏显祖献文帝拓跋弘对土谷浑征其任子。

---

① 《晋书》卷七十七《殷浩传》,第 2046 页。
② 《魏书》卷十四《神元平文诸帝子孙·高凉王孤》,第 349 页。

拾寅遣子斤入侍，显祖寻遣斤还。"①另外，在国与国之间的关系上，"入侍"与一般的朝贡不同，朝贡只是通过贡献方物以表示尊敬和希望结盟的意愿。而入侍则是表示臣服的举动，常用来表示臣服国与宗主国的关系。正史中关于朝贡和入侍的记载分得很清楚，二者不是等同的概念。

正史关于三国两晋南北朝时期归附国对宗主国的"入侍"记载主要有以下一些材料。

曹魏：

太和元年（227年），"焉耆王遣子入侍"。（《三国志》卷三《明帝纪》）

晋代：

（1）太康元年（280年）八月，"车师前部遣子入侍"。（《晋书》卷三《武帝纪》）

（2）太康四年（283年）八月，"鄯善国遣子入侍，假其归义侯。"（《晋书》卷三《武帝纪》，《初学记》卷二十六引《晋永安起居注》载："太康四年，有司奏，鄯善国遣子元英入侍，以英为骑都尉，佩假归义侯印，青紫绶各一具。"）

（3）太康六年（285年）十月，"龟兹、焉耆国遣子入侍"。（《晋书》卷三《武帝纪》）

（《晋书》卷九十七《四夷传·焉耆国》载："武帝太康中，其王龙安遣子入侍。"同卷又载："武帝太康中，其王遣子入侍。"应指太康六年事）

十六国：

（1）后凉：

"吕光讨西域，复降于光。及光僭位，（焉耆王）熙又遣子入侍"。（《晋书》卷九十七《四夷传·焉耆国》）

（2）前燕：

350年，"初，冉闵之僭号也，石季龙将李历、张平、高昌等并率其所部称藩于儁，遣子入侍"。（《晋书》卷一百一十《慕容儁载记》）

（3）前秦：

永和十年（354年）"其年，西羌乞没军邪遣子入侍，健于是置来宾馆于平朔门以怀远人"。（《晋书》卷一百一十二《苻健载记》）

（4）后秦：

---

① 《魏书》卷一百零一《吐谷浑传》，第2238页。

"又遣其兼散骑常侍席确诣凉州,征吕隆弟超入侍,隆遣之"。(《晋书》卷一百一十七《姚兴载记上》)

北魏:

(1)太延四年(438年),"(鄯善国)遣其弟素延耆入侍"。(《魏书》卷一百零二《西域传·鄯善传》)

(2)神四年(431年)八月乙酉,"沮渠蒙逊遣子安周入侍"。(《魏书》卷四上《世祖太武帝纪》)

(3)正平元年(451年)"夏五月壬寅,大赦。六月壬戌,改年。车师国王遣子入侍。"(《魏书》卷四下《世祖太武帝纪》,《魏书》卷一百零二《西域传·车师传》亦载。)

(4)显祖拓拔弘在位时(466~471年间),"观等以闻,显祖以重劳将士,乃下诏切责之,征其任子。拾寅遣子斤入侍,显祖寻遣斤还"。(《魏书》卷一百零一《吐谷浑传》)

(6)延兴四年(474年)二月,"辛亥,吐谷浑拾寅遣子费斗斤入侍,并献方物"。(《魏书》卷七上《高祖孝文帝纪》)

(7)高祖元宏在位时(471—499年间),"文度弟弘,小名鼠,犯显祖庙讳,以小名称。鼠自为武兴王,遣使奉表谢罪,贡其方物,高祖纳之。鼠遣子苟奴入侍,拜鼠都督、南秦州刺史、征西将军、西戎校尉、武都王"。(《魏书》卷一百零一《氐传》)

从以上材料可以看出,三国时期的入侍事件只有一次,晋代的入侍事件有三次,且都是发生在晋武帝太康年间。十六国时期只有前秦、前燕、后秦、后凉几个政权接受过他国的外交入侍。北魏共接受了七次外交入侍事件。这些接受外交入侍的政权当时都是处于国力强盛,完成了一定范围的统一状态。由此可见,尽管内政、军事、归降以及随机性的人质都是发生在社会动乱、国家分裂的时期。而外交入侍则相反,它往往发生在一个强大的政权完成了一定范围内统一的那段时期,西域诸国向晋代入侍的事件仅存在于西晋统一后的短暂几年便是一个典型的例子。

第七章　两汉魏晋南北朝人质与社会

第一节　人质与政治控制

一、质任制度与连坐

质任制度与法律尤其是连坐有着密不可分的关系。连坐实质上是把人质手段应用于法律上的结果,它同样是以无辜的第三方来控制被统治方的一种手段。但连坐与质任制度又有所不同,并非等同的概念。二者的不同之处在于,连坐属法律范畴,质任是政治制度范畴。在被统治方没有违反统治者的法律时,连坐的对象是自由而无任何责任的,一旦与连坐对象有密切关系的人触犯统治者的法律时,那些无辜的人,包括犯法者的亲属或邻居便会受到牵连,某人或某些人是否受到连坐往往有不可预料性。人质就不同了,人质首先是不自由的,至少是受到限制的。连坐得以实行的前提是被统治者已经处于政权的严密控制之下,不需要预先把被控制者的连带方控制起来。质任制度则不同,它是居主动地位的一方,不能有效地控制弱势的一方时,为使对方就范,事先把被动一方的重要连带人控制起来,以达到己方的既定目的。质任制度一旦成熟,弱势的一方也会主动出质以保全自身或达到取信、联盟等目的。连坐一般属于内政,而质任还涉及外交等方面。作为人质,时刻面临着危险,一旦被人质要挟方不按人质控制方的要求去做或危害到控制人质方的利益,作为惩罚,人质就会受到惩处,甚至被处死。如果从时段上考察,则可以发现连坐制度从古到今,也无论社会的稳定或动荡,它都是存在的。而质任制度则不同,它只在一定的时段和一定的空间内存在,质任制度并非从来就有,历史上的某些时代是没有质任制度的。补充说明一点,人质事件古今都有,只是其形式在不断的演变。质任制度和连坐相关联的地方也很多,在质任制度下,人质的身份往往是被控制者的亲属;在连坐制度下,首先受到株连的也是被统治者的家属,同时还包括其远亲、邻居、相关联者等,连坐涉及的人更多。有时,连坐的实施也是以人质遇害的手段显示出来。因此,要研究人质现象,就不能不研究连坐制度。所以质任和连坐又是不能截然分开的。

在"保官"、"保任"、"保质"等词中,"保"有担保、保证的意思。《周礼·地官·大司徒》曰:"令五家为比,使之相保。"孙诒让解释说:"五家家数既少,居又相比,有罪过不容不知,故使相保任。"①这里的"保"即邻里之间的相互担保。汉元帝初元五年四月,"除光禄大夫以下至郎中保父母同产之令"。应劭解释说:"旧时相保,一人有过,皆当坐之。"②又是一种亲属间相互保证的法律制度。臣下向君主提供人质,是用它来担保自己不叛降敌人。曹魏"保官"的名称,当是由此而来的。连坐制度下,领兵的将官如果军败降敌,作为"质任"的家属就会受到惩罚。曹操在建安八年下令曰:"《司马法》'将军死绥',故赵括之母,乞不坐括。是古之将者,军破于外,而家受罪于内也。自命将征行,但赏功而不罚罪,非国典也。"③魏法规定:"被攻过百日而救不至者,虽降,家不坐也。"④如果纳质者在外反叛,为"任子"者即被处死。如钟会之乱,"所养兄子毅及峻、辿等下狱,当伏诛"。⑤邓艾被诬谋反,"余子在洛阳

---

① [清]孙诒让撰;王文锦、陈玉霞点校:《周礼正义》,中华书局1987年版,第751页。
② 《汉书》卷九《元帝纪》,第285~286页。
③ 《三国志》卷一《魏书·武帝纪》,第23页。
④ 《三国志》卷四《魏书·三少帝·齐王芳纪》注引《魏略》,第126页。
⑤ 《三国志》卷二十八《魏书·钟会传》,第793页。

者悉诛"。① 公孙渊在辽东起兵反魏,尽管为"任子"的公孙晃"先渊未反,数陈其变"。② 还是难免一死。《魏略》载"时上亦欲活之,而有司以为不可,遂杀之"。③

对于士兵的连坐制度叫"士亡法",是专门为防止士兵逃亡而制定的法律。"鼓吹宋金等在合肥亡逃。旧法,军征士亡,考竟其妻子。太祖患犹不息,更重其刑。金有母妻及二弟皆给官,主者奏尽杀之。"由于高柔的上书,曹操"止不杀金母、弟,蒙活者甚众",④宋金的妻子却难逃被杀的厄运,如果没有高柔的上书,恐怕被株连的人也"甚众"。

卢毓为冀州主簿时,"时天下草创,多逋逃,故重士亡法,罪及妻子。亡士妻白等,始适夫家数日,未与夫相见,大理奏弃市。毓驳之曰:'……今白等生有未见之悲,死有非妇之痛,而吏议欲肆之大辟,则若同牢合卺之后,罪何所加?且《记》曰'附从轻',言附人之罪,以轻者为比也。又书云'与其杀不辜,宁失不经',恐过重也。苟以白等皆受礼聘,已入门庭,刑之为可,杀之为重'太祖曰:'毓执之是也。又引经典有意,使孤叹息。'"⑤卢毓依据情理并比附前法,指出了连坐制的不合理和严酷。主管连坐的部门是大理,宋金逃亡时,"主者奏尽杀之。"其中"主者"也应该是指大理。要处决被连坐者,大理要上奏并经过批准才行。

东晋末年和南朝的连坐制度比较显著,可把它作为人质手段应用的一个表现,前已述及。

二、人质手段与迁徙

三国两晋南北朝时期,人口的大规模流动和迁徙经常发生。有些迁徙是主动进行的,如曹魏末年内迁的少数民族达"八百七十余万口"⑥等。还有些人口是被强制迁徙的,强制性的迁徙往往包含者人质手段的运用,而人质手段的运用也常涉及人质居住地的改变。曹魏梁习治

---

① 《三国志》卷二十八《魏书·邓艾传》,第781页。
② 《三国志》卷二十四《魏书·高柔传》,第687页。
③ 《三国志》卷八《魏书·公孙度附公孙晃传》注引《魏略》,第261页。
④ 《三国志卷》卷二十四《魏书·高柔传》,第684页。
⑤ 《三国志》卷二十二《卢毓传》,第650页。
⑥ 《晋书》卷二《文帝纪》,第40页。

理并州时就使用了强制迁徙的手段。"习到官,诱谕招纳,皆礼召其豪右,稍稍荐举,使诣幕府;豪右已尽,乃次发诸丁强以为义从;又因大军出征,分请以为勇力。吏兵已去之后,稍移其家,前后送邺,凡数万口"。梁习采取先礼招,再诱质,并辅以军事打击和强制迁徙的策略,达到了"单于恭顺,名王稽颡,部曲服事供职,同于编户。边境肃清,百姓布野,勤劝农桑,令行禁止"①的效果,足见人质手段的妙用。从这个事例也可以看出曹魏士家制度的形成过程。由于地方豪族的向背以及控制人口的多寡是决定战争胜负乃至政权存亡的重要因素,所以伴随着每一次的军事征服,随之而来的便是强制性的迁徙。如魏灭蜀后,将蜀后主和蜀地的王公旧臣大批的迁往洛阳。"后主举家东迁",②"后主既东迁,内移蜀大臣宗预、廖化及诸葛显等并三万家于东及关中"。③ 人质与迁徙大族是有区别的,并非所有被强制迁徙的大族都是充当显性人质,只是暗含了人质手段的运用,如曹魏对蜀国上层王公的迁徙。但由于人质的安置往往涉及迁徙,大规模的人质安置常以人口迁徙的形式出现。有些被迁徙者本身就是人质,后凉吕隆向后秦投降时迁到长安的50余家即明言为人质,前文已述。相对于统治中心来说,含有人质意味的强制性迁徙可分为对内迁徙和对外迁徙等多种方式。强制性迁徙是在政权或武力的保证下进行的,针对的往往是特定的人群,或以民族、或以阶层、或以地域划分。其目的是强化对被迁徙者的政治控制,并借此实现对更广地域、更多人口的控制。

  作为一种统治方式来说,无论是直接的人质、还是具有人质性质的连坐和迁徙,都是为了达到政治控制的目的。根据社会学的理论,社会控制作为一种维系社会秩序的必不可少的机制,存在于任何社会、任何历史时代之中。"在传统农业的自然经济社会里,虽然人类的社会活动空间比较狭小,社会结构也比较简单,这种社会里仍然存在社会控制,只不过控制手段主要是亲情关系、宗法关系以及人们的同情心、友善、

---

① 《三国志》卷十五《梁习传》,第469页。
② 《三国志》卷三十三《后主传》,第901页。
③ [晋]常璩撰,刘琳校注:《华阳国志校注》卷八《大同志》,巴蜀书社1984年版,第602页。

正义感和怨恨等等"。① 而人质控制正是利用了人们之间的亲情、宗法继承关系的等因素。人在社会中是无法孤立生活的,人质手段主要是通过对人们之间情感的社会控制,进而达到政治控制的目的。

当然,人质手段并非社会控制的唯一途径,它往往与政治、军事、经济等其他手段相结合来发挥作用。东汉初年,天下未定。盟誓、和亲、册封、赠赐等都是实现政治控制的手段。建武三年(27年)春,彭宠攻拔右北平、上谷数县。"遣使以美女缯彩赂遗匈奴,要结和亲。单于使左南将军七八千骑,往来为游兵以助宠。又南结张步及富平获索诸豪杰,皆与交质连衡。遂攻拔蓟城,自立为燕王"。② 由此可见,和亲与交质都是外交手段,和亲与"以美女缯彩赂遗"无别。

第二节 人质现象中的道德体现

羁押人质是一种不人道的现象,但从人质现象中也能反映出人们的忠、孝、仁、义、信等道德品质。

一、人质与忠

在人质现象中,"忠"一般通过这几种方式表现出来:向上级自愿要求送人质,表示忠心。当自己的亲属成为人质,忠心和亲情发生冲突时,毅然守忠,不顾及亲属的安危。

东汉时期,耿弇子弟及军阀隗嚣等向刘秀出质,目的是为了表达对东汉的忠心。三国时期,曹操的部下向曹操主动出质,也是为了表示他们对曹操的忠诚。前面所述臧霸请求送子弟居邺为质,就是为了显示忠心,以博取曹操的信任。曹魏时,主动要求把家属留在京师的还有负有外交使命的鄾弘:"奉车都尉鄾弘,武皇帝时始奉使命,开通道路。文皇帝即位,欲通使命,遣弘将妻子还归乡里,赐其车、牛,绢百匹。弘以

---

① 郑杭生主编:《社会学概论新修》,中国人民大学出版社1994年版,第437页。

② 《后汉书》卷十二《彭宠传》,第504页。

受恩,归死国朝,无有还意,乞留妻子,身奉使命。公孙康遂称臣妾。"①魏武帝曹操时,奉命出使的外交人员也要家属留在京师,文帝时,放宽了对人质的要求。西晋末年,当邵续密谋与段匹磾一起脱离石勒,逃归晋元帝时,"其下谏曰:'今弃勒归匹磾,任子危矣。'续垂泣曰:'我出身为国,岂得顾子而为叛臣哉。'遂绝于勒,勒乃害乂"。②邵续明知背叛石勒,任子会遇害,但为了归晋尽忠,他义无反顾。张昌叛乱时,质郭贞妻子,欲为己所用,郭贞逃避,显示出忠的一面,并受到了朝廷的表彰:"尚书令史郭贞,张昌以为尚书郎,欲访以朝议,遁逃不出,昌质其妻子,避之弥远。"③刘琨把长子刘遵送往拓跋猗卢处为人质,也是为了表示对晋朝廷尽忠。他说:"以并州单弱,吾之不材而能自存于胡、羯之间者,代王之力也。吾倾身竭赍,以长子为质而奉之者,庶几为朝廷雪大耻也。"④

二、人质与孝

孝在人质现象中主要体现在:当自己的父母成为人质,面临孝与忠、孝与国家利益的冲突时,毅然把孝放在首位,无原则地向控制人质方屈服妥协。为了尽孝,不惜把自身抵押为人质。

东汉时期,江革数遇贼,"或劫欲将去,革辄涕泣求哀,言有老母,辞气愿款,有足感动人者。贼以是不忍犯之,或乃指避兵之方,遂得俱全于难"。⑤

三国时期,徐庶的母亲被曹操拘押,徐庶便方寸大乱,屈服于曹操,这表现出孝的一面。桓温少时家贫,为了给母亲治病,桓冲充当羊主的人质:"初,彝亡后,冲兄弟并少,家贫,母患,须羊以解,无由得之,温乃以冲为质。羊主甚富,言不欲为质,幸为养买德郎,买德郎,冲小字也。及冲为江州,出射,羊主于堂边看,冲识之,谓曰:'我买德也。'遂厚报

---

① 《三国志》卷八《公孙度附公孙渊传》注引《魏名臣奏》,第257页。
② 《晋书》卷六十三《邵续传》,第1703页。
③ 《晋书》卷六十六《刘弘传》,第1765页。
④ 《资治通鉴》卷八十九《晋纪十一》,第2818~2819页。
⑤ 《后汉书》卷三十九《江革传》,第1302页。

之。"①桓冲为尽孝甘当人质,羊主不纳人质,也义气可嘉。把孝看得最重的恐怕是南燕主慕容超,后秦以慕容超的母亲和妻子为要挟,责令称藩,并求太乐诸伎。在群臣讨论对策时,尚书张华的话正对慕容超下怀:"陛下慈德在秦,方寸崩乱,宜暂降大号,以申至孝之情。"②慕容超为了自己家庭的团圆,置国家的整体利益于不顾,不惜向后秦称臣。

　　人质问题上,当忠和孝发生冲突时何者为先,何者为后。唐长孺先生在《魏晋南朝的君父先后论》中举了汉末毕谌③、靳允、徐庶三个例子,指出:"毕谌、徐庶是尽孝,靳允是尽忠"。认为忠与孝在汉末三国时期无先后之分,到了西晋孝便凌驾于忠之上。"在开始时二者的轻重还没有决定,但因现实社会及政治的发展,孝逐渐超越了忠"。④此观点具体到人质问题上忠、孝选择上也是适用的。但是,当人质不是父母而是自己的妻儿时,许多人会义无反顾地放弃人质。汉末马超在南郑把赵昂的嫡长子赵月拘为人质,以拉要挟赵昂为己所用。赵昂和妻子王异全然不顾儿子的安危:"及昂与杨阜等结谋讨超,告异曰:'吾谋如是,事必万全,当奈月何?'异厉声应曰:'忠义立于身,雪君父之大耻,丧元不足为重,况一子哉?夫项托、颜渊,岂复百年,贵义存耳。'昂曰:'善。'"⑤赵昂夫妻舍子取义,受到统治者的褒奖。前所述晋代尚书令郭贞不顾妻子的安危,也不向张昌妥协。此外,北朝的司马消难更是不以妻子为念,前面谈论北朝人质事件时已经提到。

　　从人质事件也能反映出人的孝道,东汉乐羊子妻孝敬婆婆,"后盗欲有犯妻者,乃先劫其姑"。妻闻,操刀而出。盗人曰:"释汝刀从我者可全,不从我者,则杀汝姑。"乐羊子妻仰天而叹,举刀刎颈而死。盗亦不杀其姑。太守闻之,即捕杀贼盗,而赐妻缣帛,以礼葬之,号曰"贞义"。⑥乐羊子妻宁愿自杀也不顺从盗贼,体现出她对婆婆的孝义和对

---

① 《晋书》卷七十四《桓冲传》,第1948页。
② 《晋书》卷一百二十八《慕容超载纪》,第3178页。
③ 其事迹见《三国志》卷一《武帝纪》:"张邈之叛也,邈劫谌母弟妻子。"第16页。
④ 唐长孺:《魏晋南朝的君父先后论》,《魏晋南北朝史论拾遗》,中华书局1983年版,第3页、第4页。
⑤ 《三国志》卷二十五《杨阜传》注引皇甫谧《列女传》,第703～704页。
⑥ 《后汉书》卷八十四《列女传·乐羊子妻传》,第2793页。

丈夫的忠贞。

三、人质与仁义

在仁义的一方面,少数民族也表现出很好的道德修养,绝对不亚于汉人。咸康四年(338年),为了把在后赵为质的什翼犍立为代国国君,其弟拓跋孤不仅放弃了继承王位的机会,还"乃自诣邺奉迎,请身留为质。石虎义而从之"。① 拓跋孤以大局为重,不惜牺牲个人自由的大义凛然的态度竟感动了石虎这个暴君,答应了拓跋孤的要求,即留下了拓跋孤为人质,把什翼犍遣送回国。② 曹魏明帝时王观出任子,一心为公,也是仁义的表现。人质与信任也有着密切的联系,人质制度初创时,正是为了避免猜嫌,取得相互的信任。可以说,交换人质全部是这个目的,如东晋桓玄、殷仲堪和杨佺期的交质结盟,以及梁朝与侯景的交换人质皆属此类。其他如下级对上级的人质,归附国对宗主国的人质,都带有取信的意味。

第三节 人质的地位和待遇

由于人质形成的方式和人质的身份不同,人质的地位亦有很大不同。一般来说有以下几种情况:

具有外交意义上的侍子受到宾客的待遇。凡外族"遣子入侍"或"入侍"之类的人质都属这种情况。因为这些政权对宗主国只有朝贡的义务,宗主国并不能对这些国家和政权进行有效的管辖。而侍子更多地作为一种外交使节的身份在活动,因而受到宾客的待遇。三国时期,这些侍子的待遇是有定例的:"(崔林)迁大鸿胪。龟兹王遣侍子来朝,朝廷嘉其远至,褒赏其王甚厚。余国各遣子来朝,间使连属……乃移书敦

---

① 《魏书》卷十四《神元平文诸帝子孙·高凉王孤传》,第349页。
② 《通鉴》与《魏书》记载稍有不同,《资治通鉴》卷九十六第3025页上说石虎"义而俱遣之",把什翼犍和拓跋孤都放了。

煌喻指,并录前世待遇诸国丰约故事,使有恒常。"①北魏也是这样,太和十七年(493年)正月己丑,有诏曰:"今诸边君蕃胤,皆虔集象魏……武兴、宕昌,各赐锦缯纩一千;吐谷浑世子八百;邓至世子,虽因缘至都,亦宜赉及,可赐三百。"②

一般来说,质任制度下高级将领或大臣主动向上级出质,其人质受到的待遇最高,可以做官,而这些作任子的人质所做的官职又以郎中或中郎等郎官居多。这类的例子如:建安末年,士燮遣子廞入质,"权以为武昌太守,燮、壹诸子在南者,皆拜中郎将"。③ 这与汉代以任子为郎官的传统有关,并且郎官既无定员又无实权,便于安置。同时,郎官多是近侍之官,便于操纵。

主动称藩国,尤其是真正臣服的强大外族政权遣送的人质受到的待遇也较高。如魏晋时在洛阳为人质的刘渊,其地位就较高,成为一些有野心的权臣结交的对象。北魏"泰常八年,蛮王梅安率渠帅数千朝京师,求留质子以表忠款。始光中,拜安侍子豹为安远将军、江州刺史、顺阳公"。④ 同时,外国的高级将领或重臣投降,其任子受到的待遇也较高,并可以做官。宋明帝泰始二年(466年)薛安都归顺北魏,质子道次"既质京师,拜南中郎将、给事中,赐爵安邑侯,加安远将军。出为安西将军、秦州刺史、假河南公"。⑤

被强征强拘的人质以及战败被俘而形成的人质地位较低,至于质任制度下世袭兵的家属,其地位最低。魏晋时的兵家子弟和军户具有半奴隶的性质,前人在这方面已经有很多论述,不必多言。

无论何种类型的人质,即使其地位再高,待遇再优厚,其作为人质的基本地位还是一样的,他们必然失去一定程度的自由,处在人质控制方的掌握之中。一旦人质的被要挟方图谋不轨,人质的生命安全就受到威胁。西晋时匈奴任子刘渊也感到生命无常,"后王弥从洛阳东归,元海饯弥于九曲之滨,泣谓弥曰:'王浑、李憙以乡曲见知,每相称达。逸间因之而进,深非吾愿,适足为害。吾本无宦情,惟足下明之。恐死洛

---

① 《三国志》卷二十四《崔林传》,第680页。
② 《魏书》卷七下《高祖纪下》,第171页。
③ 《三国志》卷四十九《士燮传》,第1192页。
④ 《魏书》卷一百零一《蛮传》,第2246页。
⑤ 《魏书》卷六十一《薛安都传》,第1355页。

阳,永与子别!'"①可见如果皇帝想除掉刘渊这个人质是易如反掌的。

第四节 时人对人质现象的看法

对于两汉魏晋南北朝时期的人质现象,当时人们的看法可以作为探索该问题一个角度。古人的观点主要有以下几个方面。

关于人质制度的起源时代,当时人们的看法没有太大的差别,主要有两种基本的观点。孙盛认为质任制度始自周代,他说:"闻五帝无诰誓之文,三王无盟祝之事,然则盟誓之文,始自三季,质任之作,起于周微。"②晋代祖纳认为是始自战国到秦汉时期,"逮乎战国,及至秦汉,明恕之道寝,猜嫌之情用,乃立质任以御众,设从罪以发奸,其所由来,盖三代之弊法耳"。③

至于人质制度有无实行的必要,时人的观点各有不同。三国时期的高柔主张以法治国,在公孙晃作为人质无辜受到公孙渊牵连的问题上,主张赦免公孙晃,他上疏说:"晃及妻子叛逆之类,诚应枭县,勿使遗育。而臣窃闻晃先数自归,陈渊祸萌,虽为凶族,原心可恕。……臣以为晃信有言,宜贷其死;苟自无言,便当市斩。今进不赦其命,退不彰其罪,闭著囹圄,使自引分,四方观国,或疑此举也。"高柔认为实行质任制度是很正常的,"晃及妻子叛逆之类,诚应枭县,勿使遗育"。但从具体情况看,人质公孙晃于情于法都没有过错,不应该受到市斩的处罚。孙盛则认为质任制度宜废。他说:"况信不足焉而祈物之必附,猜生於我而望彼之必怀,何异挟冰求温,抱炭希凉者哉?……是以周、郑交恶,汉高请羹,隗嚣捐子,马超背父,其为酷忍如此之极也,安在其因质委诚,取任永固哉?……何必拘厥亲以束其情,逼所爱以制其命乎?……假令任者皆不保其父兄,辄有二三之言,曲哀其意而悉活之,则长人子危亲自存之悖。子弟虽质,必无刑戮之忧,父兄虽逆,终无剿绝之虑。柔不

---

① 《晋书》卷一百零一《刘元海载记》,第 2646~2647 页。
② 《三国志》卷二十四《魏书·高柔传》注引孙盛言,第 687 页。
③ 《晋书》卷三十八《齐王攸传附子蕤传》,第 1135 页。

究明此术非盛王之道,宜开张远义,蠲此近制,而陈法内之刑以申一人之命,可谓心存小善,非王者之体。"①尽管孙盛认为质任手段既违背亲情人道,又未必能达到预期的效果,主张废除质任制度,"蠲此近制"。但在公孙晃的问题上又不同意高柔的观点,认为不能因为心存小善而坏帝王之道。而为三国志作注的裴松之则反对孙盛废除质任的观点,"质任之兴,非仿近世,况三方鼎峙,辽东偏远,羁其亲属以防未然,不为非矣。柔谓晃有先言之善,宜蒙原心之宥。而盛责柔不能开张远理,蠲此近制。不达此言竟为何谓?若云猜防为非,质任宜废,是谓应大明先王之道,不预任者生死也……若言之亦死,不言亦死,岂不杜归善之心,失正刑之中哉?若赵括之母,以先请获免,钟会之兄,以密言全子,古今此比,盖为不少。晃之前言,事同斯例,而独遇否闭,良可哀哉!"可见,裴松之认为质任制度很有必要,以公孙晃作人质是应该的,但公孙晃曾告发公孙渊,处死他有失"正刑之中",对公孙晃的遭遇表示同情。

质任制度得以在汉末三国发展完善,除了客观上的环境外,曹操是一个关键的人物。当部下要求把家属送往都城时,他没有拒绝,还赞赏他们是追慕耿纯舆榇相随的忠孝之风,并对这些大将加官晋爵以示鼓励和信任,这势必带动更多的部将主动把家属送到首都为质,这正是曹操实行质任制度的高明之处。所以,曹操是三国质任制度的创立者和切身实践者。同时,曹操也主张对付劫质者要毫不留情予以打击,不必顾及人质的安危。曹操征陶谦时留夏侯惇守濮阳,不久,夏侯惇回救鄄城与吕布战斗,吕布派部将伪降于夏侯惇,乘机劫质夏侯惇并勒索宝货。夏侯惇的部将韩浩先稳定军心,然后直接到劫质者那里,斥责他们说:"汝等凶逆,乃敢执劫大将军,复欲望生邪!且吾受命讨贼,宁能以一将军之故,而纵汝乎?"持质者计穷屈服,韩浩随即处死了他们。韩浩此举受到曹操的嘉奖,"惇既免,太祖闻之,谓浩曰:'卿此可为万世法。'乃著令,自今已后有持质者,皆当并击,勿顾质。'由是劫质者遂绝。"②

---

① 《三国志》卷二十四《高柔传》及引孙盛、裴松之注,第 687~688 页。
② 《三国志》卷九《夏侯惇传》,第 267 页。

第五节　人质现象的原因及影响

《汉末三国时期的"质任"制度》①一文对汉末三国时期的质任制度产生的深层次原因曾有很好的论述。现将其观点归纳总结为以下几点：

1. "在经济基础上主要表现为豪强地主向门阀地主转变，逐步建立他们的统治地位。"东汉时农奴对豪强地主，门生故吏对士家大族存在牢固的隶属关系，而同时的东汉中央政府对地方的控制力则在不断减弱。黄巾起义后，东汉王朝名存实亡，君臣之间的隶属关系很不稳定。汉末三国的军阀通过种种手段来消除东汉君臣关系松弛的弊病，"'质任'是'委质'仪式的补充手段，军阀利用它来调整君臣关系，使封建统治得到巩固……汉魏之际封建依附关系的加深，不仅表现为农民的农奴化，而且反映在大小封建主之间隶属关系的加强上。'质任'制度就是应这种趋势发展的需要而产生的，通过拘押人质的方法，促进了地主阶级内部（主要是君臣之间）隶属关系的强化。"

2. 从当时政治思想的时代特点着手。"黄巾起义的爆发和后来的军阀混战，使阶级矛盾和统治阶级的内部矛盾急剧激化，需要加强暴力手段来镇压人民的反抗，铲平分裂割据势力和消除违法乱纪现象。因此，宣扬'刑名之学'的法家政治思想一度流行起来，成为儒学的补充……汉末三国的政治家们受到先秦法家的不少影响。不难看出，在他们创立的'质任'制度上，有着法家政治思想的深刻烙印。"

3. 受社会上道德观念的影响。东汉统治阶级尊儒学，倡孝道，"社会舆论认为'孝'是最高尚的，对'不孝'和'弃妻子'的行为则给以严厉谴责……"举了毕谌和徐庶因家属被拘质而屈从控制人质者的例子。

这些见解很有价值，但仍有可商榷之处：首先，以为质任制度到汉末三国时期才创立的说法是不准确的，应该说质任制度萌芽于三代，形成

---

① 宋杰：《汉末三国时期的"质任"制度》，载于《北京师院学报》（社科版）1984年第1期。

于春秋战国,发展于秦汉,只是到了汉末三国才臻于系统成熟。西晋祖纳说:"逮乎战国,及至秦汉,明恕之道寝,猜嫌之情用,乃立质任以御众,设从罪以发奸,其所由来,盖三代之弊法耳。"①所以并没有触及三国质任制度产生的历史渊源,对在质任制度应用基础上产生的士家制度也没有深入剖析。再者,一方面说汉末"儒学的说教已不能维持封建统治";另一方面又说在舆论上"由于'孝悌'、'亲亲'观念的重要影响,汉末三国时期很多人认为抛弃被拘押的妻子是不道德的",意即儒学并没有废弛,二者似乎有相悖之处。该文对于探索汉末三国时期质任制度产生原因具有很大的借鉴意义,由于其研究的侧重点限于汉末三国的质任制度,所以要用来解释人质现象尤其是整个魏晋南北朝时期的人质现象产生的原因还是不够的。

　　本书开始已就质任制度产生的历史根源上分析了春秋战国人质及汉代的任子制与质任制度的渊源关系,此不再述。欲探讨三国两晋南北朝时期人质现象产生的原因,必须联系当时的时代背景来分析。

　　高敏先生把魏晋南北朝时期的时代特征概括为五个基本的特征:其一,统治民族的众多和民族关系的空前复杂;其二,门阀制度的形成、固化与社会阶级、阶层结构的复杂化;其三,政治上的政权林立和南北分裂与统治中心的多元化;其四,战争的无比频繁和人口流动的异常剧烈;其五,自然经济比重的增长和商品经济比重的相对下降。② 在这五个基本特征中,第一、第三、第四点都与人质现象的产生和发展密切相关。战乱和分裂、民族关系的复杂、人身依附关系的加强和人口常被作为私有财产来处置都是魏晋南北朝时期人质现象产生的时代背景。

　　"整个魏晋南北朝时期,全国统一的局面仅有西晋时期的30余年,其余时期都是南北分裂和南北双方又各自政权林立的大分裂时期。"与分裂相伴而生的是战争的频繁和人口流动的加剧,而战争和流动人口的增多又是人质现象产生的温床。分裂就意味着中央集权的衰落,军阀集团的兴起,军阀之间为了争夺人口,地盘,不断进行战争。为了在战争中获胜,他们必须有足够的兵源,三国时期为了得到充足的兵源,

---

① 《晋书》卷三十八《齐王攸传附子蕤传》,第1135页。
② 高敏主编:《中国经济通史·魏晋南北朝经济卷》,经济日报出版社1998年版,第2~27页。

各个军阀集团便采用质任制度来控制将领和士兵,控制归附的将领和臣服政权。这就是为什么汉末到三国前期人质事件尤其频繁,人质制度非常发达的原因。到了晋代,国家出现了短暂的统一,人质制度和手段一度失去了存在的价值而被逐渐废除。东晋成帝时对将领的质任制度废除以后,各个权臣的斗争中又采用了人质手段来控制对方或结盟,同时,对百姓的人质手段也在运用,表现在以连坐制来制止百姓和士兵逃亡并对百姓进行经济压迫上。对三国两晋南北朝的时代特征,我们要辩证的把握,三国两晋南北朝总的看来是一个分裂的时期,但不是全时期和全地域的混乱,其中不同的时间段中特定的地域,会出现暂时和局部的和平景象。如汉末曹操与袁绍在北方混战的时期,刘表所在的荆州却相对平静稳定,并成为当时的文化中心,同时刘璋所据的益州也是"民殷国富"。魏蜀吴三国相继建立到西晋统一前,战乱已经较建安年间大为减少;东晋偏安江南,除了几次叛乱外,政权也基本稳定;十六国时期,前秦统一北方后也出现了一段和平稳定时期。在相对和平的时期,人质现象出现也较少。

十六国时期,除了前秦统一北方前后到淝水之战前的人质现象极少出现外,人质现象很普遍。究其原因,乃是北方不仅政权林立,而且统治民族众多,民族关系空前复杂。此时虽然已不再用质任制度对士兵进行控制,但政权之间的人质手段却是经常使用,伴随每一次的军事征服,都要强制战败的一方纳质,同时,那些弱小势力和民族也被强征或主动送人质给强大的政权以寻求庇护。其主要原因是斗争的需要以及民族之间的矛盾和不信任。南北朝时期,由于南北的分裂和南北方各自的分裂,再加上复杂的民族关系,北朝的强大和后期统一趋势的加强,使北朝的人质现象也很突出。

东汉以来的私兵部曲和宾客制度,使部曲和宾客的人身依附性很强,具有半奴隶的性质,三国时期则形成了世袭的部曲宾客制度。在国家分裂的时期,割据政权不像统一的国家那样稳定,其政权力量不足以牢牢地控制下属臣僚及军队。一些人才或将领朝秦暮楚的现象时常发生,刘备曾先后依附曹操、袁绍等大军阀。曹操打败袁绍前后,袁绍的不少大将、谋士为曹操所用,许攸轻易投靠曹操就是一个例子。这种情况无疑增加了上下级的不信任感,加之继承了东汉时的私兵部曲制,用人质手段加强对下级的控制也就顺理成章。政权就是靠强制力为后盾来体现的,当法律、制度都不健全或不能发挥应有作用,割据政权不像一个统一国家那样有效地统治其下属臣民时,人质手段和人质制度便成为表现强制力,体现政权意志和发挥政权作用的直接方式。至于劫持人质现象的频频发生,更是国家分裂时期社会动荡无序的结果和反映。同时,战乱时期,由于人口的大幅度减少和人口流动的加剧,能否控制相当数量的人口是一个政权得以存在的保证。曹魏用士家制度控制兵士、兴屯田招徕流民,孙吴屡次进攻山越以补充兵员和劳动力,蜀主刘备在逃亡时还携带大量百姓,晋朝政权利用流民平定叛乱等,都体现了人口的重要性。要控制人口就要有一定的方法,人质和带有人质目的的强制迁徙便成为控制人口的一个重要手段。整个魏晋南北朝时期,充满了争夺人口的斗争,尤其是北方十六国直到北朝,少数民族尚有奴隶制的残余,赏赐人口的事例屡见史籍。既然把人口看做物质财产,那么把人当做抵押物也就不足为奇。

为了控制人口,各个政权还采用大规模的强制性迁徙来控制百姓。强制性的迁徙与人质手段有着密切的联系,二者都是出于控制的目的。其中有些迁徙本身就是以人质的身份进行的,如后凉吕隆投降后秦后,有50余家作为人质被迁往后秦。强制性迁徙控制的是大规模的人口防止人口为对方所用。人质控制的是少数将领、大臣、外族或者士兵。控制人质也包含着对人的迁徙,因为人质往往被迁往统治的中心或在地方筑城安置。而一些豪强大族则在某地筑城安置,并驻扎部分军队监管。

南北朝时期,除了北方和南方各自的分裂外,南北双方又处于对峙状态。在这样复杂的关系下,为了控制下级以免其反叛,控制降将和归附者,他们采取了种种手段,人质手段就是不可或缺的一个,由于人质的数量巨大再加上外交上的需要,人质制度经过东晋的荒废在南北朝时期又一度兴起。

从人质手段利用者的角度来看,人质手段与兵制和官制结合,在一定程度上起到了统一国家的法律所发挥的作用,有利于上级控制下级,中央控制地方,对于维护割据政权的稳定起到了必要的作用。还有利于宗主国控制臣属国,割据政权、势力之间的结盟也离不开人质手段来取信。从人质被要挟方来看,绝大多数人质现象都是出于外交上的自保目的而主动出质,是出于无奈但又是理性的选择。无论是为了结盟还是出于归降的目的出质,这样做虽是不得已而为之,但往往能起到暂时保存自身力量的作用。从文化上来看,人质制度也渗透入文学中。如西晋有这样一个有关质子的传说:"晋中朝,有质子将归。忽有人寄其书告曰'吾家在观亭,亭庙石间有悬藤。君至叩藤,家人必自出'归者如言,果有二人出水取书。并曰:'江伯令君前入水,见屋舍甚丽。'今俗咸言。观亭有江伯神也。"①

就人质本身而言,其就像物品一样被抵押,一般处于被动的地位。但是,人质本身在一定的条件下也能发挥特殊的作用。如刘琨质子利用鲜卑内乱逃归,增强了刘琨的势力,以及前燕灭亡时各国质子开邺城门纳前秦军队都表现了这一点。人质在客观上还能起到促进民族融合的作用,少数民族向汉族出质,有利于少数民族的上层接受汉族先进的文化,加速少数民族的封建化进程;汉族向少数民族派出的人质,也吸收少数民族的文化和风俗,促进中国文化的南北交融;如代国昭成帝什翼犍从329年到后赵为人质,338年回国即位:"十一月,帝即位于繁畤之北,时年十九,称建国元年。"②什翼犍即位时年仅19岁,在后赵的十年间正是他接受教育的黄金时代。后赵的都城邺城是北方一个政治中心,其文化显然比尚处奴隶社会的代国要发达得多。什翼犍在后赵深受中原文化影响,回国后便厉行改革。即位的第二年,"始置百官,分掌众职",第三年便迁都云中盛乐宫。此后他锐意开拓霸业,使代国很快崛起为一个大国,包括前秦在内的北方各国纷纷向代国朝贡。作为人质手段进行的人口迁徙,无论是少数民族向汉族出质还是汉族向少数民族出质,都造成了少数民族与汉族杂居,从而促进民族的融合并从客观上有利于国家由分裂走向统一。

当然,人质手段并不总是有效的,它只是国家由分裂走向统一的过渡性政策和手段。利用对士兵的质任制度而形成的世袭兵制,又造成了兵源的日益枯竭。所以除三国时期质任制度较为发达外,东晋及十六国时期虽仍存在对士兵的质任制度,但其威力已大不如前。并且随着南朝门阀制度的形成和固化,以及北朝统一趋势的不断加强,稳定的国家政权使人质制度的作用在日益减弱。

---

① 刘纬毅:《汉唐方志辑佚》,北京图书馆出版社1997年版,第273页。
② 《魏书》卷一《序纪·昭成帝纪》,第12页。

结　语

　　两汉魏晋南北朝是人质控制手段大规模使用的时代,对后世产生了深远的影响。两汉人质的突出表现是基于外交的少数民族人质占主导地位,劫持人质比较显著。魏晋南北朝时期人质现象的特点因各个历史时段社会特点的不同以及南北地域不同,再加上民族的差异而有着时间上的分段性和地区分布上的不同。三国时期人质现象的特点是,人质制度被普遍应用于政治、军事和外交领域。与前代任子制相结合形成了对将领和臣下以及外族的质任制度,与兵制相结合对士兵实行质任的士家制度和兵户制度。对臣服国征任子一直是外交上的重要惯例。三国都有专门安置人质的场所。随着三国建立和逐步归一于晋,对将领的质任制度好比一把锈迹斑斑的宝剑已没有存在的多大意义,经过晋武帝的渐除质任和晋成帝时的废除质任,这把宝剑终因无任何利用价值而被废弃。但在两晋时期,人质手段作为对外族控制的手段,少数民族归附仍要按惯例出人质。北方十六国,对士兵的质任制度已很少出现,这一时期的人质制度尽管没有三国时期成熟和完备,但在人质事件发生的频率上不亚于三国,尤其是十六国后期的人质事件比三国时期更要频繁。至于归降人质,其规模和频繁程度却超过三国时期。南北朝时期,南北各朝都实行了人质制度,北朝人质制度比南朝发达,表现在大量接纳归降质任,对人质进行专门安置与管理上,人质事件也较南朝为多。而南朝人质手段的主要对象是下层人民,对高级将领和权臣的质任也时紧时松,多是临时措施。

　　从出质方向总的趋势来看,两汉时期少数民族向汉朝出质或入侍是主流。汉末三国至西晋八王之乱前期,少数民族向汉族出质仍比较多;从西晋末期到东晋和十六国时期,少数民族之间的相互出质占主导地位,并已开始出现汉族向少数民族出质的现象;南北朝时期,北强南弱的形势使南方汉族政权向北方少数民族政权出质的现象占多数。南北朝以后,即隋唐以降直到清朝前期,人质事件和人质制度仍在一定程度上存在。但若论人质手段运用的成熟和频繁,人质制度运用范围和规模之广,人质在外交上的重要性,则魏晋南北朝时期的确是一个很有特色的时期。三国两晋南北朝的人质现象是这个历史阶段时代特征的产物,又是这个历史阶段时代特征的体现,由于涉及兵制、法律、人口迁徙、民族关系等诸多方面,所以对于这个论题还有不少深化的余地。

需要补充的是,人是社会的人,每一个人的需要和利益都与别人相关,一个人是这样,一个家族、团体、政权或国家也是这样。人质能实施正是利用了人质要挟方与自己关系密切的人的这种感情联系和利益联系,因此,只要人类社会存在,就会存在人质这种历史现象。两汉魏晋南北朝是人质制度形成的重要时期,也是处理劫持人质的探索时期,其后从隋唐到明清,人质制度一直存在,而劫持人质更是延续至今。人质制度是一种原始的、野蛮的控制方式,随着社会的发展,尤其是在当今社会,政府利用户籍制度、法律手段、政权力量以及各种科技手段能够随时有效地监控社会成员,这是人质制度走向衰亡的根本原因。但由于社会的复杂性和政治控制不同层次的强弱差异,在政权控制难以发挥作用的地方,人质现象仍将存在。

参考文献

一、史籍

［南朝宋］范晔撰；［唐］李贤等注：《后汉书》，北京：中华书局1956年版。

［北宋］司马光：《资治通鉴》，北京：中华书局1956年版。

［东汉］班固撰：《汉书》，北京：中华书局1962年版。

［唐］徐坚：《初学记》，北京：中华书局1962年版。

［西汉］司马迁撰：《史记》，北京：中华书局1963年版。

［元］马端临：《文献通考》，台湾：新兴书局发行，1965年影印版。

［唐］令狐德棻、岑文本、崔仁师撰：《周书》，北京：中华书局1971年版。

［南朝梁］萧子显撰：《南齐书》，北京：中华书局1972年版。

［唐］姚思廉撰：《陈书》，北京：中华书局1972年版。

［唐］李百药撰：《北齐书》，北京：中华书局1972年版。

［唐］姚思廉撰：《梁书》，北京：中华书局1973年版。

［唐］令狐德棻、长孙无忌、魏徵等撰：《隋书》，北京：中华书局1973年版。

[唐]房玄龄、褚遂良等撰:《晋书》,北京:中华书局1974年版。

[南朝梁]沈约撰:《宋书》,北京:中华书局1974年版。

[北齐]魏收撰:《魏书》,北京:中华书局1974年版。

[唐]李延寿撰:《北史》,北京:中华书局1974年版。

[唐]李延寿撰:《南史》,北京:中华书局1975年版。

[东汉]许慎著,[清]段玉裁注:《说文解字段注》,成都:成都古籍书店1981年版。

[晋]陈寿撰;[南朝宋]裴松之注:《三国志》,北京:中华书局1982年版。

[北魏]杨衒之撰;范祥雍校注:《洛阳伽蓝记校注》,上海:上海古籍出版社1982年版。

[晋]常璩撰;刘琳校注:《华阳国志校注》,成都:巴蜀书社1984年版。

[唐]杜佑:《通典》,北京:中华书局1984年版。

[清]赵翼著:《廿二史札记》,北京:中国书店1987年版。

[清]孙怡让撰,王文锦、陈玉霞点校:《周礼正义》,北京:中华书局1987年版。

[清]孙诒让注:《墨子间诂》,上海:上海书店1988年影印版。

[宋]王钦若等:《册府元龟》,北京:中华书局1988年版。

杨伯峻:《春秋左传注》,北京:中华书局1990年版。

[宋]李昉等编:《文苑英华》,北京:中华书局1990年版。

[唐]玄奘:《大唐西域记》,北京:中华书局1991年版。

[战国]墨翟撰,[清]毕沅校注,吴旭民标点:《墨子》,上海:上海古籍出版社1995年版。

上海人民出版社编:《春秋左传集解》,上海:上海人民出版社1997年版。

[汉]刘向辑录:《战国策》,上海:上海古籍出版社1998年版。

徐元诰:《国语集解》,北京:中华书局2002年版。

二、著作

曾问吾:《中国经营西域史》,北京:商务印书馆1936年版。

唐长孺:《魏晋南北朝史论丛》,北京:生活·读书·新知三联书店1955年版。

何兹全:《魏晋南北朝史略》,上海:上海人民出版社1958年版。

安作璋:《两汉与西域关系史》,济南:山东人民出版社1959年版。

安作璋:《两汉与西域关系史》,济南:山东人民出版社1959年版。

林幹:《匈奴史》,呼和浩特:内蒙古人民出版社1977年版。

王仲荦:《魏晋南北朝史》,上海:上海人民出版社1980年版。

童书业:《春秋左传研究》,上海:上海人民出版社1980年版。

陈直:《三辅黄图校证》,西安:陕西人民出版社1982年版。

唐长孺:《魏晋南北朝史论拾遗》,北京:中华书局1983年版。

陈直:《居延汉简研究》,天津:天津古籍出版社1986年版。

吕思勉:《中国民族史》,北京:中国大百科全书出版社1987年版。

张大可:《论三国时期的民族政策》,《三国史研究》,兰州:甘肃人民出版社1988年版。

冯天瑜、何晓明、周积明:《中华文化史》,上海:上海人民出版社1990年版。

江应梁主编:《中国民族史(上)》,北京:民族出版社1990年版。

段连勤:《夏商周的边疆问题与民族关系》,马大正主编:《中国古代边疆政策研究》,北京:中国社会科学出版社1990年版。

林剑鸣:《秦汉史》,上海:上海人民出版社1991年版。

田余庆:《东晋门阀政治》,北京:北京大学出版社1991年版。

崔瑞德、鲁惟一:《剑桥中国秦汉史》,北京:中国社会科学出版社1992年版。

余太山:《两汉魏晋南北朝与西域关系史研究》,北京:中国社会科学出版社1995年版。

王浦劬:《政治学基础》,北京:北京大学出版社1995年版。

田继周:《秦汉民族史》,成都:四川民族出版社1996年版。

周一良:《魏晋南北朝史论集》,北京:北京大学出版社1997年版。

高敏:《魏晋南北朝兵制研究》,郑州:大象出版社1998年版。

高敏主编:《中国经济通史·魏晋南北朝经济卷》,北京:经济日报出版社1998年版。

朱大渭:《六朝史论》,北京:中华书局1998年版。

黎虎：《汉唐外交制度史》，兰州：兰州大学出版社1998年版。

陈梧桐、李德龙、刘曙光：《西汉军事史》，北京：军事科学出版社1998年版。

黄今言、邵鸿、卢星等：《东汉军事史》，北京：军事科学出版社1998年版。

翦伯赞：《秦汉史》，北京：北京大学出版社1999年版。

张晋藩：《中国法制通史》，北京：法律出版社1999年版。

马大正等：《中国边疆经略史》，郑州：中州古籍出版社2000年版。

中国军事史编写组：《中国历代军事战略：下册》，北京：解放军出版社2002年版。

田余庆：《秦汉魏晋史探微》，北京：中华书局2004年版。

张岱年、方克立主编：《中国文化概论》，北京：北京师范大学出版社2004年版。

［德］克劳塞维茨：《战争论：第一卷》，中国人民解放军军事科学院译，北京：解放军出版社2004年版。

彭建英：《中国古代羁縻政策的演变》，北京：中国社会科学出版社2004年版。

高敏：《魏晋南北朝史发微》，北京：中华书局2005年版。

杨联陞：《国史探微》，北京：新星出版社2005年版。

雷海宗：《中国的兵》，北京：中华书局2005年版

李大龙：《汉唐藩属体制研究》，北京：中国社会科学出版社2006年版。

［日］川胜义雄：《六朝贵族制社会研究》，上海：上海古籍出版社2007年版。

三、论文

王克勤：《人质问题古今谈》，《世界知识》1950年第2期。

杨广伟：《汉代"任子"制小考》，《复旦学报》（社会科学版）1979年第6期。

张政烺：《秦律"葆子"释义》，《文史》第九辑，北京：中华书局1980年版。

陈玉屏:《三国士家制度商榷》,《西南民族大学学报》(人文社科版)1982年第4期。

廖晓晴:《两汉"任子"问题之探讨》,《辽宁大学学报》1983年第5期。

李书兰:《汉代的任子制度》,《北京师范大学学报》(社会科学版)1983年第6期。

赵克尧、许道勋:《略论曹魏的士家屯田》,《中国社会经济史研究》1984年第1期。

赵克尧:《略论曹魏的士家屯田》,《中国社会经济史研究》1984年第1期。

宋杰:《汉末三国时期的"质任"制度》,《北京师院学报》(社科版)1984年第1期。

何兹全:《孙吴的兵制》,《中国史研究》1984年第3期。

陈琳国:《论魏晋南朝都督制》,《北京师范大学学报》(社会科学版)1986年第4期。

魏国忠:《渤海质子侍唐述略》,《求是学刊》1986年第1期。

罗新本:《两晋南朝入仕道路研究之——两晋南朝的"直接入仕"》,《西南民族大学学报》(人文社科版)1986年第4期。

章群:《论新罗入唐之宿卫与质子——兼论唐代宿卫与质子性质》,《韩国学报》1986年第6期。

何兹全:《魏晋南朝的兵制》,《历史语言研究所集刊》第16册,北京:中华书局1987年。

杨一民:《魏晋士家制度的两个问题》,《军事历史研究》1987年第1期。

周士龙:《试论魏晋的质任制》,《天津师大学报》1987年第3期。

周士龙:《试论魏晋的质任制》,《天津师大学报》1987年第3期。

张鹤泉:《东汉募兵论略》,《史学集刊》1988年第4期。

张兆凯:《任子制考论》,《湖南科技大学学报》(社会科学版)1989年第1期。

高敏:《三国兵志杂考》,《河南大学学报》(社会科学版)1990年第1期。

刘迪瑞:《试论两汉任子制度的影响》,《江西大学学报》(社会科学版)1990年第1期。

方铁:《汉唐王朝的纳质制度》,《思想战线》1991年第2期。

程越:《两汉西域"质子"》,《南京大学学报》(哲学人文社会科学版)1992年第4期。

王圣宝:《说人质》,《安徽史学》1993年第1期。

孙瑞:《试论春秋时期的人质》,《史学集刊》1996年第1期。

张兆凯:《任子制新探》,《中国史研究》1996年第1期。

孙瑞:《试论战国时期的质宫制度》,《吉林大学社会科学学报》1996年第5期。

刘汉东:《论三国兵制之异同》,《许昌师专学报》1997年第1期。

杨爱民:《春秋战国质子制度考论》,《昆明师专学报》(哲学社会科学版)1997年第4期。

孙瑞:《试论战国时期人质的几个特点》,《史学集刊》1997年第4期。

余太山:《两汉魏晋南北朝时期西域南北道绿洲诸国的两属现象——兼说贵霜史的一个问题》,《中国边疆史地研究》1997年第2期。

贾继东:《楚国人质外交小议》,《中华文化论坛》1998年第4期。

郝宏奎:《劫持人质案件的概念、特点和类型》,《政法学刊》1998年第2期。

王人聪:《部曲将与部曲督印考》,《故宫博物院院刊》1999年第1期。

陶新华:《魏晋南朝地方武职官的法律制度》,《杭州师范学院学报》1999年第5期。

晁福林:《春秋战国时期的质子与委质为臣》,《传统文化与现代化》1999年第3期。

王静:《汉代蛮夷邸论考》,《史学月刊》2000年第3期。

黄木:《中国古代少数民族朝贡初探》,《青海民族研究》2001年第4期。

李云泉:《汉唐中外朝贡制度述论》,《东方论坛》2002年第6期。

吴海燕、冯殿羽:《魏晋南北朝"什伍"之制与乡村社会控制》,《郑州大学学报》(哲社版)2003年第2期。

王勇:《曹魏兵制的变化与州郡领兵制》,《沙洋师范高等专科学校学报》2003年第2期。

崔明德:《中国古代和亲的文化影响》,《民族研究》2003年第3期。

贾丛江:《西汉属部朝贡制度》,《西域研究》2003年第4期。

姜清波:《新罗对唐纳质宿卫述论》,《中国边疆史地研究》2004年第1期。

陶贤都:《三国时期劫质现象刍议》,《许昌学院学报》2004年第4期。

陶贤都:《三国时期劫质现象刍议》,《许昌学院学报》2004年第4期。

姜清波:《新罗对唐纳质宿卫述论》,《中国边疆史地研究》2004年第1期。

李天石、张文晶:《试论曹魏士家制度对中古贱民身份制的影响》,《学海》2004年第6期。

程尼娜:《护乌桓校尉府探析》,《黑龙江民族丛刊》2004年第5期。

彭建英:《中国传统羁縻政策略论》,《西北大学学报》(哲学社会科学版)2004年第1期。

梁辰:《质子与秦质子府》,《邯郸职业技术学院学报》2004年第3期。

万振新、李强:《蒙元质子政策探论》,《求索》2005年第2期。

孙家洲:《汉代的"反劫质"立法》,《光明日报》2005年6月14日。

陈金生:《唐代质子在民族文化交流中的作用》,《甘肃联合大学学报》2006年第2期。

魏郭辉:《新罗质子侍唐刍议》,《北方文物》2006年第3期。

李大龙:《不同藩属体系的重组与王朝疆域的形成——以西汉时期为中心》,《中国边疆史地研究》2006年第2期。

李云泉:《朝贡制度的理论渊源与时代特征》,《中国边疆史地研究》2006年第3期。

石少颖:《乌孙归汉与西汉外交》,《湖北大学学报》(哲学社会科学版)2006年第3期。

熊贵平:《汉朝对匈奴的分化与瓦解方略述论》,《江西师范大学学报》(哲学社会科学版)2006年第5期。

上官绪智:《两汉政权"以夷制夷"策略运用的主要方式和特点》,

《南都学坛》(人文社会科学学报)2006年第6期。

成琳:《两汉时期民族关系中的"质子"现象》,《新疆大学学报》(哲学·人文社会科学版)2007年第1期

沈寿:《文汉代的和亲与人质制度研究》,《贵州民族研究》2007年第3期。

王子今:《两汉军队中的"胡骑"》,《中国史研究》2007年第3期。

沈寿文:《汉代的和亲与人质制度研究》,《贵州民族研究》2007年第3期。

陈金生、王希隆:《两汉边政中的质子述评》,《中国边疆史地研究》2008年第2期。

陆宜玲:《唐代质子研究》,陕西师范大学2008年硕士学位论文。

陈金生、王希隆:《两汉边政中的质子述评》,《中国边疆史地研究》2008年第2期。

张胡玲:《两汉质子制度述论》,西北大学2009年硕士学位论文。

张胡玲:《两汉质子制度的时代特色》,《华夏文化》2009年第2期。

陈金生:《汉匈质子关系及其作用述评》,《甘肃联合大学学报》(社会科学版)2009年第3期。

许鸿洋:《浅谈春秋时期的人质问题》,《陇东学院学报》2010年第1期。

陈金生:《两汉西域质子与敦煌的密切关系——兼谈质子与中西文化交流》,《敦煌学辑刊》2011年第1期。

后 记

本书的写作历经了数年的时间,我在湖北省社会科学院攻读硕士研究生期间,在夏日新先生的直接指导下,撰写了毕业论文《试论三国两晋南北朝时期的人质现象》。写作过程中还得到了导师组刘玉堂先生、李文澜先生的倾力指导,刘继兴、邵学海、王胜利、张硕等先生也分别从不同的角度对我的论文提出了宝贵建议;到郑州大学攻读博士学位期间,张旭华先生又对此论文的部分内容提出了批评建议。硕士论文内容较短,我并未想过将来要写成书出版。2009 年博士毕业到南阳师范学院工作后,由于工作需要,我的研究方向从魏晋南北朝史扩大到汉代。南阳师范学院用科研启动经费鼓励博士们进行课题研究,而我所工作的历史文化学院汉文研究中心也在编写一套汉文化研究丛书,于是便在硕士论文的基础上把《两汉魏晋南北朝人质现象研究》作为丛书的一本出版。南阳师范学院汉文化研究中心主任、历史文化学院院长郑先兴教授对我的论文写作提出了中肯的意见。在此,我谨向指导、帮助过我的老师和同事们表示诚挚的感谢! 同时,也非常感谢河南大学出版社阎现章老师、张珊老师对书稿进行的严谨而辛苦的编辑校对工作!

由于工作繁忙,短期内难以抽出更多的时间对专著进行继续完善,拙作还有不少需要深化和补充的地方,总感到有负于师友们的教导。但不管水平如何,我是抱着严谨的态度进行写作的,希望能对大家有一点启发,请学界同仁们批评指正!

高二旺

2012 年 12 月